神心《かみぐくる》

―人が神の心に目覚めるとき―

亀本美砂＝著

太陽出版

目次

プロローグ

ふりかえれば

今、私は中学校の教育現場でもまれながら、一喜一憂を繰り返しています。容赦ない生徒の言葉や行動に傷ついたり、やむにやまれず心からほとばしり出た熱い言葉で叱ったもののの、その激しさで生徒を傷つけなかったかどうかと心配したり……。日々悩みながら、熱くなったり涙をこらえたり。私はこんな自分を不思議に思います。なぜなら、かつてはこういった悩みさえなかったからです。

もともと私は踊り手でした。子どもたちの将来や教育を考えるどころか、むしろ頭を空っぽにして踊ることが好きでした。そうすれば外界に煩わされることなく、美しいものだけを見て、いい気持ちで踊ることができたからです。世界のそこここで民族や宗教の対立や争いが激化していること、多くの人びとが飢えて死んでいること、平和で実り豊かな村々に地雷が埋められ、大地は砂漠化し、子どもたちの明るい瞳を奪っていること……。

そんな地球の叫びを私の耳は聞いていませんでした。人びとの涙を知ろうともしませんでした。私の眼《まなこ》は、いったい何を見ていたのでしょう。心は何を追いかけていたのでしょう。

理解ある優しい夫に生活を保障され、健康と美容のためにならためらいなく時間とお金を費やしていました。知的で快適な生活を楽しみ、おいしいものを食べることも大きな関心事でした。そればかりか自分が踊りを続けるために、子どもはつくらないなどと平気で考えていました。いま思えば、何と愚かだったことでしょう。私はこのような我欲をわがままとも思わずに、踊りの道を極めたいという欲望のままに、夫や家庭を粗末にし、人として生きるべき道を大きく外れて突っ走っていました。今から十数年前のことです。

ある男性

同じ頃、一人の男性が沖縄で子どもたちの心を案じていました。日々テレビや新聞で報道される荒れる子どもたちの心の叫びに、彼は心を痛めていました。できることなら学校へ行って、直接子どもたちの心を受け止めたい。直《じか》に子どもたちに語りかけることができたら……。しかし彼には先生になる資格も、学校で話のできるようなどのような肩書きもありませんでした。それでも彼はじっとしていることができませんでした。何とか子どもたちを救いたい。思いやりのある優しい心に育ってほしい……。彼は子どもたちの心の糧になるような絵本を小学校や中学校に届けるようになりました。初めから大きな計画があったわけではありません。偶然にある絵本が子どもたちに喜ばれることを知り、自分の母校に届けたのがきっかけでした。それを校長先生がたいへん喜んで下さったので、地域の他の学校にも届けてあげようと思い立ち、そうしたところ、またしても大いに喜ばれて、その感動が彼の心に火を付けたということです。子どもたちのことを想うとやむにやまれず、動き出した自分、真心から湧き出した行為はこんなにも人を感動させ、喜ばれるものなのだ――学校から帰る車の中で彼は大泣きしたそうです。その涙はまるで自分自身の心を洗い清めているようでした。

それから沖縄全県下の小・中学校へ本と花の種を届ける彼の旅が始まります。当時、日雇い労務で家族を養っていた彼の月々のおこずかいが約二万円。それを何カ月か節約して五万円貯めては絵本と花の種を買い、それを自分の足で一校一校届けていったのです。

「ジコチュー」

今から十数年前。まったく同じ時期に、一人は自分のわがままのために周囲を犠牲にしてさえ我が道を突っ走ろうとし、片やもう一人は子どもたちを救いたいと自分の身を削りながら一生懸命に生きていたのでした。

かつての自分を今はたいへん恥ずかしく思います。今、中学生の間では「ジコチュー」という言葉が流行っています。「自己中心」の略語で、「あいつはジコチューだ」などと誰かを批判する時によく使われます。その言葉を聞くたびに我が身を振り返り、きりりと心が痛みます。なぜなら、それは私自身のことだからです。確かに大人も子どもも、自分のわがままさ加減に気づかずにいる、自己中心的な人の何と多い昨今ではありませんか。

何のために私たちは生まれてきたのでしょう。いい思いをして楽をするためでしょうか。やりたい放題しつくして、豊かな大地や命の営み、心と心のつながりをなくしてしまっていいのでしょうか。それとも精一杯働いて、少しでもいい世界をつくりたいのでしょうか。

これから私がお話しするのは、「自己中心」的な生き方と最も遠いところを歩んで来られた方の物語です。この方と巡り合わせていただいて、やっと自分がとんでもない人間だったということに気づかせていただきました。そしていつしか自然とこの方を「先生」と呼ばせていただくようになっていました。

魂の巡礼

先生との出会いから、はや六年あまりが経ちました。多くの場所にお導きいただき、またお供させていただきました。先生が海辺に立つと海亀や魚たちが集まってきたり、お祈りに呼応するかのように鯨やマンタという大きな魚が海から飛び跳ねたり。また風や雨や虹は、まるで天の心を伝えるかのように、行く先々で不思議に変化してくれるのでした。このように自然現象が変化したり、思いがけない生きものたちが突然現われたり、世界情勢が急変したりと、偶然と呼ぶにはあまりにもタイミングが合いすぎて、驚いたり感激したりの連続でした。奇跡的な出来事があまりにも自然に、しかも立て続けに起こるものですから、まるでおとぎ話や伝説の中にいるように思えることもしばしばでした。

また、先生はどこかの学校で特別に学んだり、どこかの宗教に入って修行したわけではありませんが、不思議なことに、必要なことはすべてご自分の中に内蔵されているかのように、必要な時に出てくるらしいのです。先生はおっしゃいます。

「僕は自分が何を知っているのか、何ができるのか、自分自身でも分からないよ。必要に応じて必要なことが心に湧いてきて行動しているんだよなあ。僕には特別な知識など何もないけど、何か質問されると、自分が知らないことでも、その人に必要ならば答えが湧いてくるんだよなあ。自分で思ってもみない答えが自分の中から湧いてくることもある。自分で答えておいて、へえーと思うことがよくあるよ。不思議だねえ。

この前、ある大学の先生に紹介された時、〈先生、僕は大学を出てないから専門的な勉強もしてないので何も知りません。でも何か分からないことがあったら、何でも聞いて下さい〉と言ったら、世界的な科学者だというその先生は、初めはびっくりしていたみたいだけど、話を聞いて納得していたよ」

こんな風にしばしば相手を驚かせながら、先生のお話も教えもその時々で千変万化、尽きることがないのです。社長業の方には会社経営にたとえて、女性たちには家庭や子育てを引き合いに出しながら、分かりやすく話して下さいます。私自身に対しても先生に出会った当時と今とでは、諭して下さることが全然違います。私の成長の度合いに応じて、教えがどんどん変化していくのです。

私の友人は、先生の教えはとても書きつくすことができないと言います。一つ何かをつかんだと思っても、次にまた先生とご一緒すれば、それを覆されるほどの教えがある。この人はどこまで深いんだろうとつくづく思うそうです。

どうやら、苦労をされた方ほど先生の深さが分かるようです。先生は、経営者としての苦労、従業員としての苦労、夫や父親としての苦労など、たくさん経験してきたからいろいろな人の気持ちが分かるのだとおっしゃいます。どのような職業・地位にある方であれ、豪傑あるいは聖人と称されるような方であろうと、ひとたび先生のお心に触れれば、たちまち素直な子どものような心に帰ってしまうようです。まるで長いあいだ離れればなれになっていた懐かしい親と再会できたかのように、うれしさと深い安堵がその心に込み上げてくるようです。どこにでもいるような風貌をした沖縄の一男性が、全国各地、そして各界の方々から親のように、いえそれ以上に慕われていらっしゃるのです。

「事実は小説より奇なり」と申しますが、先生の歩んで来られた道を振り返り、その奇跡に満ちた旅の様子をうかがうと、まるで地球や人類の壮大なドラマがひもとかれていくような感動を覚えます。それらは私にとって各地への巡礼の旅であったと同時に、先生の深い愛と真心に出合わせていただく旅でもありました。先生の行動やお祈りに触れさせていただくと、そのお心こそが聖地であり、清らかで真実なるところだと実感させられます。いわば私は先生の真心という大聖地に、一歩一歩、歩みを進める魂の巡礼者なのかもしれません。一歩進むたびに聖地はいや遠く、いや高くなる。それでもひたすらに聖地を仰ぎながら歩み続けるのです。

エデンの星

先生と出会い、私は地球という星のかけがえのなさを強く実感するようになりました。

「以前、夜眠りにつくと、すぐに魂が宇宙に連れて行かれる時期があった。毎晩、宇宙のいろいろなところに旅するのさ。あの頃は夜が来るのが楽しみだったなあ。その時、ニューヨークみたいに高層ビルの立ち並んだ都市やとても科学の発達した星はいくらでもあったけれど、沖縄のように緑が茂り花々が香っているような星は一つもなかったよ。地球は宇宙のエデンの園なんだよ。地球は人類にとってだけでなく、宇宙全体にとってもかけがえのない星なんだ」

そう先生は語って下さいました。宇宙にたった一つしかないかけがえのないエデンの園。この地球に生かされる命の一つとして、私たちはどうあるべきなのでしょうか。人は何のために生まれてきたのでしょうか。

S先生の歩み

S先生は若かりし頃、実業界で力を振るっておられました。しかし、事業が成功するにつれて「人は何のために生まれてきたのだろう」と疑問を持つようになりました。お金を儲けて事業を拡大し、年老いて死んでゆく。それでいいのだろうか……。悩みながらも、相変わらず毎日飲み屋街に繰り出す日々でした。そんな三十五歳の元旦、ふと近くの川に散歩に出かけた先生は、白鷺に導かれるままに生まれて初めて自然の滝に入りました。滝から出てきた時には、それまでとは別人のように心が変化している自分がいました。この目覚めの体験をきっかけに、それからは社会で起こる諸問題が人ごととは思えなくなり、まるでそれらが自分の責任であるかのように心を痛めるようになっていました。当時、いじめや暴力、登校拒否など、子どもたちの心の荒廃がさかんに報道され警鐘が鳴らされていました。先生は子どもたちを何とか救いたいと、心に愛を届けるように、絵本と花の種を自ら配りはじめました。

自然の滝に打たれて目覚めを体験してからは、きっぱりお酒もタバコもやめ、「人として純粋に生きたい。本当に人が無欲で生きられるか試してみよう」と志して、会社を手放し、一労務者として再出発されました。社長業の時には毎晩飲み歩き、お金のありがたみも分かりませんでしたが、労務者になって初めてお金の価値が分かったそうです。ぎりぎりの生活の中、月々二万円のおこずかいを節約しては絵本と花の種を買い、旅費を捻出しては自らの足で各地の学校に届けました。そしてとうとう沖縄のすべての小・中学校に配り通したのです。その間の数年間は下着一枚、靴下一足さえ新しく買ったことはなく、食事代わりの百円のパン代さえも切り詰めて、子どもたちに愛を届け続けたのでした。

神様の願い

飽食の時代といわれるほど物に溢れた時代に、穴のあいたぼろぼろの靴と擦り切れたジーンズをはき、お腹を空かせながら心にはいっぱいの愛を満たして浜辺や洞窟で野宿しながら旅を続ける人がいたなんて信じられるでしょうか――。その一部始終を神様は見ておられました。先生の純粋な心と、自ら決めたことはどんなに苦しい事態になっても必ずやり遂げるという強い意志に感動した神様は、やがて先生の夢枕に立たれ、日本列島の払い清めをお願いされます。その時の先生の驚きはたいへんなものだったそうです。宗教など特別に勉強したこともなく、お祈りの仕方も分かりません。ただ子どもたちのことを想うとじっとしていられなく、本と花の種を届け続けていただけなのです。それにずっと沖縄で生まれ育ったような人間が、なぜ日本列島の清めをしなければならないのでしょう。もっと適任者がいるのではないか――。初めは辞退していた先生も、やがて神様の御心を知り、その願いを聞き入れました。

全国を行脚しながら日本列島の払い清めと国鎮めの祈りが終わると、今度は世界各地でのお祈りをお願いされます。世界平和、人類と自然との調和、そして地球と万類の安泰を祈るためです。どの宗教宗派にも染まらない、純粋な心の持ち主にしかできるものではないそうです。あまりに途方もない話だと驚きながらも、やがてその願いを引き受けることになりました。そうして神々に導かれながら、五年間に全大陸数十カ国、数百ポイントのお祈りがなされました。

救世の祈り

そしてとうとう最後のポイント、北極点での祈りがやってきました。この祈りは、これまでのすべての祈りの頂点に立つものでした。地球と人類の存続のために、これまで地球の各ポイントでお祈りをしてきた仕上げとして、最後に北極点で祈るのです。このお祈りのいかんによって、地球のポール・シフト（地軸移動）が起こるかどうかが決するという重大な局面でした。神々が先生に託してきたもの、それは地球と人類の未来だったのです。

一九九四年四月十八日、先生は北極点に立たれました。極寒の中で防寒服を脱ぎ、神々へご挨拶を申し上げ祝詞《のりと》を捧げ、必死に祈られました。その時の様子は『目覚め』（サンマーク文庫）という本に書かれています。また、その中の先生の手記には次のようにあります。

北極点に立つ

我この日のために今世生まれたり
一九九四年四月十八日
北極点に立つ

精一杯の祈りをする
人に見られようが
笑われようが
馬鹿にされようが
へんに思われようが
時間内一生懸命祈った
我悔いなし
ただ地球を頼むと深く深くお願いしたことだけ
覚えている

北極点の祈り

「**人類の祈り**」
世界が平和でありますように
兄弟ゲンカがなくなりますように
絶対に原爆や水爆が作られないように

神の意に叶った真心を持った人たちが
政界、教育界、財界のリーダーになりますように
真の宗教が行われますように
人類と自然との調和がとれますように
必ず聖和が訪れますように

「**天の祈り**」
太陽、月、星々が和をとり
これから後も地球を守ってくださいますように

創造なる神様
すべてを創って下さって
本当にありがとうございます

宇宙万延の神様
本当にありがとうございます

地球に神の御慈悲がこれからもそそがれますように

北極点の神様
地球の北極点の神様
天体の北極点の神様
絶対にこの地球を見捨てないで守って下さい
人類はまだ幼いのです
許して下さい

「**地球の祈り**」
地球の御霊よ
地球の神様よ
風水火草木植物動物の神様よ
人類を許して下さい
これからもお世話になります

救世（救星）のために先生の心から湧き出した祈りとは、なんと無垢で純粋なものだったのでしょう。これらの祈りは今も真っ白な北極の氷の中、人類の心の記憶として輝き続けているように思えてなりません。

北極で悟ったもの

北極点での祈りを無事終えた時、先生の心に湧き上がってきたものはいったい何だったのでしょう。

「僕が初めて北極点に立って戻ってきた時、僕が何を思ったと思う。――〈ああ、人として純粋に生きたい〉。そう思ったんだよ」

先生の手記には次のようにあります。

価値

我々は形ある社会のなかで
人の価値をややもすると
家柄（血筋）や学歴、職歴、地位、財産やらで量りがちですが
本当の価値は心にあるのです

心にも段階があるのです
代議士のなかにも、学校の先生のなかにも
心の幼い人々がたくさんいます
学歴がなくても、地位がなくても、財産がなくても
心の次元の高い人がいます
わかる人にはその心が見えるのです
神が一番大事にされるのは
その心の在り方です

（『目覚め』より引用）

心こそ

この「心」こそ、私たちが子どもたちに伝えねばならぬもの、そして大切に育てねばならぬものではないでしょうか。

「いったい、どうしてこんな世の中になってしまったんだろう」

先生がため息まじりにおっしゃいます。

「形ばっかりありがたがって、力や技ばかりを追い求める人たちが多いねえ。心を大事

にする人が本当に少ないよ。覚えておきなさい。〈形や技ばかりを求める者は傲慢になる。心を磨こうとする者は謙虚になる〉

教育だってどうだろう。心の優しい子、たくましい根性のある子、心に順位はつけられないのに、ただ教科書を丸暗記するのが上手な子が頭のいい子だと言われるんでしょ？　今の学校では。お手本通りに書いたり話したり、人の真似をするのが上手なロボットを作っているみたいに思えるよ。今は学ぶことが真似ることになってしまっているんじゃないかな。人の真似などしないで、自分で考え工夫して、自分のやり方を見つけていくことが大事なんじゃないかなあ。

僕はよく感じるんだけど、学歴の高い人ほど自分で考えてものを産み出していく力が弱いように思えるよ。ワンパターンだなあと感じることが多いんだ。確かに暗記する能力は秀れているんだろうけどね。

今の世の中では暗記するのが上手な人を〈頭がいい〉と言うんだね。僕にとっては、人の気持ちを察することができて、相手がしてほしいと思うことをしてあげられる人を〈頭がいいなあ〉と思うけどね。

あなたはどうだ。踊りを踊る時、どうやって踊る？　人の真似をして踊るのか？　自分が動きたいように、踊りたいように踊ればいいんじゃないの。自然に、思うままに。

でも、世間では誰かの真似をして、真似の上手な人たちが何々流とかいってありがたがられるらしいね。

花だってそうじゃないか。山に咲いている花を見てごらん。形をつけて咲いているか。そうじゃないでしょう。自然に何々流があるかね。自然のままに咲いているから美しいんでしょう。

表現する方法にも、いろいろな規則をつくって、僕には言葉をもてあそんでいるように思えることもあるよ。言葉は何のためにあるのか？　言葉は心を伝えるためにあるんでしょう。

踊りにしても言葉にしても、神から与えられた尊いもの、大切な文化を人間がもてあそんでダメにしてきたように思えないか。心は胸から湧いてくるもので、形を真似たり、暗記するものじゃないのにね。

僕は今まで、できるだけ人の真似をしないようにしてきたよ。お祈りの仕方も滝への入り方も、誰かに教えられたわけじゃないんだ。みんな自分の経験の中から、自然にできるようになっていったんだよ。滝だって別に修行しようとか、何かを体得しようと思って入ったわけじゃない。気持ちがいいし、汚れがきれいになるような気がしてやっていたのさ。

あなたなんかは何かを体得しようと思って、一生懸命練習したり訓練したりするんでしょう。何かの技を体得するためにね。そこが全然違うなあ。僕は練習しないさ。僕は何ひとつ体得していないよ。

だから〈なんで、こんなことできたのかなあ〉なんて思ったりもする。僕には特別な師はいないけど、一つだけ挙げるとすれば、それは自然だよ。自然の中でたくさんのことを教えられたよ。自然に生きることだよ。心に湧く自然な思いのまま」

そうおっしゃって先生は、真心から湧き出す思いのまま、心の声に従って、世のため人のため自然のためにいつも働いていらっしゃいます。

「初め僕はただ子どもたちが可哀そうに思ったんだよ。そしていつの間にか神様が可哀そうになったんだ。神様の心を分かろうとする者がいなくて、皆、神様にお願いするばかり。親の心を知る子どもたちがいなくて、ただ皆からお願いばかりされるんだから、本当に神様は可哀そうだよ……」

自分のお願いはしないで、このように神様の気持ちを思いやる人が、世の中に果たして何人いるでしょうか。子どもたちに本と花の種を届ける旅も、日本全国の行脚も、世界中への祈りの旅も、すべて先生の心に湧き上がってきた思いやりと真心が源なのです。

先生の様子をできるだけ透明な心でお伝えできればと思います。それでも、なかには私の早とちりや思い違いがあるかもしれません。先生の振る舞いやお言葉は、私の理解をはるかに超えているでしょうから。それでもお許しいただけますなら、私の心に映った先生のお姿を伝えさせて下さい。なぜなら、それらは人類という子どもたちに贈られた、愛と真心の物語のように思えるからです。

第1部

こころの教え

第1章　夢に向かって

子どもたちの心を育てる

中学校で働く私にとって、子どもたちの心がどう育ってゆくのかが大きなテーマです。子どもたちは自分と触れ合う大人たちの心を敏感に受け止めています。辛抱強く前向きな心を持つ生徒には、芯の強いしっかりした親の存在が感じられます。一方、生活態度がルーズで礼儀もわきまえぬような生徒の言動の背後には、彼らの両親の学校や先生方への侮りが感じられて、寒々とした心地のすることがあります。親の心がそのまま子どもたちに反映して、感謝する心や尊敬する真摯な気持ちを摘み取ってしまっていることに、親たちは気づかねばならないでしょう。

また先生方のありようも、生徒はそのまま真似しているように思えます。学校という大きなエネルギー磁場で教師それぞれの影響力が増幅され、生徒たちは無意識のうちにも先生方の言葉や振る舞いに同調していくようです。もしも教師が怒りやいらだちの感情をそのまま生徒にぶつけてしまうと、肉体的であれ精神的であれ暴力的な仕打ちを受けた子どもは、今度は自分より弱い立場の子どもに対して暴力的になります。まるで自分の受けた痛みを誰かに報復せねば傷が癒えないとでもいうように——。

また生徒たちは教師が考えるよりもずっと、私たちのことをよく見ているようです。輝きであれかげりであれ、すべてが彼らにとってはお手本なのです。人や社会とどのように向き合い、何を感じながら生きているのか——。もしも、私たちの中に、横暴さやずるさ、傲慢な気持ちなどがひそんでいたなら、弱点を生徒たちは見逃しません。自分で気づかぬうちに、とんでもないお手本を示すことになりかねません。弱点や心の偏りは自分で気づかぬことが多いからこそ、教師は謙虚に自らを省みて、柔軟に自己を改める素直さが求められていると思います。

また昔は学校で「陰日向のない人間になろう」と教えられたものですが、本当に大人がそういう手本を示さなければ、要領のよい小賢しい人間ばかりが育ってしまいかねない危機感を覚えます。実際、「陰では何したっていいでしょう。ばれなければ……」という子どもたちも多いのです。それが当たり前だと思っている彼らが不憫でなりません。どんな大人たちに育てられてきたのでしょう。それとも熾烈な競争社会のひずみに、子どもたちの心まで蝕まれてしまったのでしょうか。本来は裏も表もなく誠実に努力すれば、正直な人間としてどこまでも成長できるはずなのに――。

ごまかしなく等身大で、どれだけの手本を示せるのか、大人たちの頑張りどころだと思います。要領よく生きて自分たちは得したつもりでも、そばで見ている子どもたちの心からはどんどん誠実さや真心が失われていきます。私たちは裸になって、自分たちの生きる姿を示す覚悟があるでしょうか。子どもたちの心を育てるためには、上手に生きるよりも、正直に誠実に一生懸命生きる姿こそが糧になるのだと思います。沖縄県石垣第一中学校でのS先生の講演会で、私はそのことをひとしお実感しました。

中学校で初めての講演

「子どもたちの心に直接語りかけたい！」――その先生の夢がとうとう実現しました。石垣島の中学校でのことです。先生の講演を東京で聞いて感動した石垣島の女性が、知人である校長先生に『目覚め』という本を差し上げたところ、その主人公であるS先生にぜひとも子どもたちにお話を聞かせてほしいと要望されたのだそうです。道徳の実践授業の研究校にこの中学校は指定されていました。土曜日の朝の全体集会でS先生の講演会が開かれました。一九九八年三月七日はS先生にとっても記念すべき日となりました。生まれて初めて中学校で直接子どもたちに語りかけるのです。

当日は生徒のみならず父兄の方々や先生たちも、本島から立派な男性が来られるというので引き締まった表情で待っていました。いったい、校長先生はどんな人をお招きしたのだろう。これから、どんなお話がはじまるのだろう。子どもたちの期待と大人たちの厳粛な気持ちを大きな体育館が包んでいました。S先生が着席すると、講演会はまずS先生を歓迎する子どもたちの「エイサー」から始まりました。沖縄の伝統芸能である「エイサー」の勇壮な太鼓の音が石垣島や子どもたちの喜びを表わすかのように力強く弾んでいます。お供した私たちの心までも感動で熱くみなぎっていきました。

「エイサー」に続いて校長先生のお話です。

『本日はおそらくわが校の歴史にとってこれまでにない意義ある日になるかと思います。ここに三冊の本があります。一冊目は〈目覚め〉、二冊目は〈私の目覚め〉、三冊目は〈魂の目覚め〉。皆「目覚め」という題が付いておりますが、今日お話をして下さるSさんについて書かれた本です。しかし本人が書いた本ではなくて、Sさんと行動を共にした人たちが書いた本であります。イエス・キリストの言動を記したものに〈聖書〉がありますが、これも本人が書いたものではありません。イエス・キリストと行動を共にした人たちが書いたものです。

現代社会においてこういう本がもうすでに出ているということ自体が、とっても不思議な素晴らしい出来事がいま私たちの目の前で起きようとしていることを物語っているように思います。

さて、ここに新聞記事があります。「校庭を七色に飾って」「小・中学校に花の種を贈る」「差出人のない手紙」ということで、もう十四、五年前でしょうかね、沖縄全県下の小・中学校に八冊ずつ図書を贈ったり、花の種を贈ったりしていた方がおられました。それが今日お話しして下さるSさんであります。

この三冊の本はSさんの行いや考えが書かれておりまして、誰からともなく人知れず人びとに渡っているんですね。それで今Sさんのお話を聞きたいということであちらこちらで講演会が開かれているんです。実はおとといが東京で、あさっては北海道に行かれるそうです。毎日がたいへんな日程であるわけですが、今日はわざわざ我が中学校のためにおいで下さいました。生徒の前でお話しするのは実は本校が初めてだそうです。

八重山の言葉で今の季節を「うりずん」と言います。自然の万物が成長する季節。植物は新芽を出し、昆虫は脱皮をする。今日は皆さん、Sさんのお話を聞いて一人ひとりがそれぞれの古い皮を脱ぎ、脱皮して新しい自分に生まれ変わる日だというふうに思って下さい。校長先生も昨日からSさんのお話を聞いてたいへん感動しております。ぜひ今日この一時間、お話を聞いて素晴らしい講演会にして下さい』

校長先生のご紹介を受けてS先生が舞台に上がられました。舞台に上がるなり先生は泣いておられました。感動を抑えきれずに、涙が次から次に溢れているようでした。

講演のタイトルは「夢に向かって」でした。先生はかつて自分が「子どもたちが優しい心に育つように」と願い、沖縄中の学校を花一杯にしようという夢を持って、本と花の種を配りはじめたこと、そしてどのように自分が夢の実現に向けて歩んだかをお話しされました。

『沖縄には三十二以上の島々があり、何百という学校があります。お金が十分あったわけではありませんから、自分の収入を考えれば頭でどう計算しても不可能でした。しかしどうしてもやり遂げるんだという強い意志を持ってやり続けたら、毎日奇跡のようなことが起こってとうとう夢が実現してしまいました。最初の一年間で沖縄本島のすべての小・中学校に配り終え、次の一年間で沖縄の離島のすべての小・中学校に配り終えたのです。その旅の途中でたくさんの学びがあり、また様々な苦しいことも乗り越えねばなりませんでした。その後、八十八歳まで生きて日本全国のすべての学校に配ろうという夢を持ったけれど、目に見えない存在からお願いされて、お祈りの旅をするようになりました。それから十年間で日本の全県と世界百カ国を回り、南極大陸と北極点にも立ちました。

このように、人が夢と希望を持って強い意志とともに歩む時、もしそれがいいことであるならば、たくさんの人びとの助けと目に見えない存在からの大きな助けをもらって、本当に夢が実現するのです。だから夢と希望を持って歩んで下さい』

さらには、どうして命を粗末にしてはいけないのか、どうして子どものうちにタバコを吸ってはいけないのか、子を想う親の気持ち、Sさんが親孝行した話など、心からほとばしるように熱い思いが伝えられました。

子どもたちは先生に惹きつけられて、じっと耳を傾けていました。おしゃべりする子はいませんでした。語り手と子どもたちの心が温かく一つになっているように感じられました。先生方も神妙に聞き入り、二、三十名ほどいらした父兄も深く共感しているようでした。

子どもたちからのメッセージ

話が終わると、生徒会副会長からお礼の言葉がありました。

『S先生、今日はお忙しい中、私たち石垣中学校でご講演いただきありがとうございました。先生が講演の中でお話をして下さった「私みたいな者が生徒の前で話すのは、申し訳ない。でも子どもたちを想う気持ちは負けない」「いろいろな人に支えられたことと自分の意志の強さによって成功したこと」「命は尊いものだ」ということを力強くお話しされた時、何か心に打たれるものがありました。私は親に叱られた時、「人の気も知らないで」と思っていましたが、先生のあの涙を流しながらお話しした「親からさずかった大事な命を粗末にしてはいけない」「どんな親でも子どもを愛している」という言葉を聞いた瞬間、私を厳しく叱ってくれる親のありがたさを改めて感じました。

それと、沖縄、日本だけでなく世界中の生徒に花の種と本をあげたその行動とお心に深く感謝します。私たち石垣中学校も「自立の石中」を目標に学校生活に取り組んでいます。先生のお話で私たちの心の中に咲いた花を大事にしながら、「夢に向かって」一歩一歩、頑張っていきたいと思います。

先生もお体に気をつけて今後もご活躍下さい。今日は本当にありがとうございました』

また翌日、S先生のもとに、子どもたちからのメッセージが届きました。

私は、今までいろんな人を見てきて、おじさんほど子どもが大好きな人を見たことがありませんでした。私も子どもが大好きで、しょうらいの夢は、保母さんをしたいと思っていたので、おじさんの話を聞いてとっても自信がでて保母さんになってみせると思いました。本当はびようしと保母さんのどちらかに迷っていたのに話をきいて、保母さんに決めました。

これからの目標は、おじさんにもだれにも負けないくらい、子どもを好きになって、その子どもが大きくなっても事件をおこさないように、育てられる人になりたいと思います。

さんこうになりました。ありがとうございます。

石垣中学校一年二組　K・S

私は、講話を聞いて、なんて子ども思いが人一倍強い人だと思いました。なんか、この人の言葉を聞いているうちに、なんかとっても素直な心になりました。せっとく力を持ち、正直に自分の気持ちを訴え、伝えることで、私達の心も素直になり、自分の気持ちを考えて、変えることができました。私は、今日この講話を聞いているうちに、本当の親の気持ちをちょっと知り、今まで毎日、反発してきた母が私達をどういうふうに見ているかがわかりました。

本当に今日のためにわざわざ石垣に来て下さってありがとうございました。感謝の気持ちを持って「ありがとうございます」。

石垣中学校一年二組　S・A

この年、この中学校は一人も受験に失敗することなく、受験生全員が高校に合格したそうです。卒業式の日には、たいていどの学校でも羽目を外した生徒たちの問題行動が懸念されるものですが、石垣中では卒業式も何のトラブルもなく、無事終了したということです。このような快挙はこの中学校始まって以来のことだったそうです。

第2章　悪をも抱く——慈悲と愛

奇跡

Ｓ先生と接していて頭を垂れずにはいられないことがあります。それは嫌なことや嫌なものに背を向けることがないということです。決して他者を切り捨てない、見捨てないということです。それは親がわが子を想う時、間違いを犯したわが子を嘆くことはあっても決して見放すことがないのに似ています。また、人は得てして他人の非を責める時、自分の方は正しい側にいると思い込み、容赦なく他人を責め立てることが多くあるものですが、私は先生の中にそのような容赦のなさを見たことがありません。たとえ人の非を知っていても、その人を憎んでどん底まで突き落とすようなことはなさいません。かつてある国で次のようなことがあったそうです。

ある国にお祈りのために出かけました。言葉もその国では分かりませんでした。朝早くホテルの近くの公園でお祈りをしている時のことです。突然、背後から数名の男たちに襲われてしまいました。日本人だからお金持ちだと思われたのでしょう。いくら抵抗しても相手は数名。逃れようがありません。のしかかられて身動きできず、悔しさと情けなさが込み上げてきました。「遊びで来たのではないのです。時間もお金も何とか工面して、言葉も通じぬ遠い国までやって来た。その苦心に対する答えがこれですか、神様！」。消えかかる意識の中、仰向けに倒されていた先生の眼に太陽が見えたそうです。「ああ、もうだめか。天の父よ――」と心で叫んだ瞬間、自分を押さえ付けていた男たちが一瞬のうちに吹っ飛びました。男たちはもとより、先生自身も驚きました。慌てて逃げて行く男たちを見送りながら、先生の心に溢れてきた言葉は意外なものでした。

「神よ。あの者たちをお許し下さい。彼らは自分たちが何をしでかしているのか知らないのです」

身ぐるみはがされ、靴さえも奪われてしまったというのに、先生の心から湧き出てきたのは憎しみではなく、彼らのために許しを乞うという心でした。

どうして先生の心はこうなのでしょう。自分の命さえ奪ったかもしれない相手にさえ、愛の扉は開かれたままなのです。裁きの刃で相手を倒す代わりに、愛と慈悲を注がれるのです。それが先生の祈りなのだと私には思われます。このようなお心をお持ちだからこそ、たくさんの存在が先生の愛と祈りによって救われてきたのだと思われるのです。

マルタの祈り

以前、先生と同行させていただいたマルタ島でのことです。この島にはかつて強大な力を持った大きな女神がいて、人びとは豊穣の女神と崇め、たくさんの神官たちがお仕えしていたそうです。その神殿が今は遺跡として残っています。博物館となっているその遺跡にお参りした時のことです。他の観光客の足が途絶え、私たちだけになった時、先生はかつての拝所の前に立たれ、お祈りを始められました。私は目に見えぬ世界のことを見たり聞いたりすることはできませんが、先生がお祈りされている言葉から、目に見えぬ世界でいま起きていることを想像することができました。そこにはいにしえの神官たちはもとより、女神様ご自身が先生の前に現われて、かつての自分たちの過ちを悔い、涙ながらに自分たちの非を詫びていました。泣き崩れている彼女たちの激しい悔恨と自責の念が私の胸に伝わり、心を揺さぶられました。

「自分たちの奢りと愚かしさゆえ人びとの導きを誤り、この地の文明を滅ぼしてしまいました。この罪は大きすぎてとても償いきれるものではありません。それゆえ、どうか私たちを抹消して下さいませ」

彼女たちの覚悟の深さに、島全体が震撼したように感じられました。それまで静かに聞いておられた先生が言いました。

「間違いは誰にもあることです。罪の裁きを受けて抹消されるより、もう一度神として立ち上がり、この島の人びとのために働かれてはどうでしょうか。かつて文明が滅びる時、あなたの身体もばらばらになってしまいましたね。これからあなたの身体を修復して元の姿に戻しますから、どうかこれからはこの島のため、人びとのために尽くされて下さい」

そう言うと先生は腰を落として、気合いを込めながら両手を動かし、大きな女神様を元のお姿に蘇《よみがえ》らせたのでした。

私は涙が止まりませんでした。先生によって絶望の淵から誰かが救われる――このような復活の場面を何度、自分は見てきたことでしょう。人であれ神であれ、また動物や植物であれ、どれほど多くの存在が先生の愛と慈悲によって暗黒の淵から救い上げられたことでしょう。「罪は裁かれる」という法則さえ、愛は超えるのだと教えられました。私の心の深みでも何かが救われ癒されていくようでした。

「愛によって罪は許され、傷は癒され、心は蘇る」――こういう奇跡を救い主、あるいは救世主の物語というのではないでしょうか。

もう一つ、心に残るエピソードをお話ししましょう。

マリア様の願い

一九九八年、先生は毎月のように各地で講演をなさっておられました。そのような多忙の中、疲労をおして十月三十日には二週間のヨーロッパの旅へと飛び立たれました。神様の言葉を伝える役目の方から、次のような神様のメッセージが伝えられていたのです。

凄い勢いでマグマの地下活動が進んでいる。そのため、海水の温度も上がってきている。このままでは海に火柱が立つので止めてほしい。マグマの地下活動を分散できればよいのだが……。

この様子では、来年ではなく今年中に火山が噴火するだろう。

マリア様が祈られている姿が見えます。地球は、身が持たないと悲鳴を上げている様子です……。

ぐらぐらと地面が揺れています。火山が危ないのです。どこか知りませんが、海に沈んだ古代文明があります(?)。そこの因縁を断ち切ってしまわないと、どこか町が沈んでしまうようです……。

ビーナスの涙を止めて下さい。海の方に向かって立っているビーナスが泣いていま す。

マリア様が手を合わせて「命乞い」をして、皆を助けて下さいと祈っています。

先生のもとには、ヨーロッパの危機を知らせるこのようなメッセージが、霊能力を持った複数の方々から届けられていました。人びとの想念の汚れが地球のマグマに浸透し、地球が苦しんでいるのだそうです。火山を噴火させて濁ったエネルギーを放出したがっている。ヨーロッパはとくに宗教の名のもとに多くのカルマがつくられたために、悪い想念が集まっているとのことです。ヨーロッパの人びとを火山の噴火から守るためには、ヨーロッパを早急に浄化せねばなりません。聖母マリアはそれを懇願なさっておられるのでした。ただ神様でも、地球の神様と宇宙の神様のご意見は違うようで、地球の神様は何とか人を救ってほしいと先生にお願いするし、宇宙の神様は、ここまで心の汚れてしまった人間は早くどうにかしないといけないというご意見なのだそうです。いろいろな神様の要請や懇願を受けながら、先生は考え行動せねばなりません。

時間の猶予はないようです。ヨーロッパに飛んで海に沈んだ古代文明の因縁を断ち切り、宗教のカルマを清めて人びとの想念で真っ黒になっているエネルギーをきれいにせねばなりません。

折しも「エーゲ海クルーズ」というツアーが出ました。ベニスから出発して、クロアチアやギリシャのコルフ島、マルタ島にチュニジア、シシリー島にナポリを経由してジェノバ近くのサボーナに至るというコース。ちょうどイタリア半島を船に乗って一周するので、その形から「地中海の首飾り」と呼ばれているそうです。ほとんどが優雅な船旅を楽しむ世界中からの観光客でしたが、先生にとっては連日がお祈り続きのハードなスケジュールでした。

大学の先生であるAさんと音楽家のKさんとともに私も旅に同行させていただきました。

シシリー島にて

旅の半ば、シシリー島に到着した朝、不思議なことに私の夢の中である言葉がこだましつづけていました。

「アイ・ウォナ・ビイ・フリー」（自由になりたい、自由になりたい、自由になりたい……）。

誰かの心の声なのでしょうか。確か昔の歌にもこんなフレーズがあったような気がします。

マフィアで有名なシシリー島っていったい、どんなところなのだろう？　思いを巡らせながら船を降りると、町の入り口に、天に向かって緩やかに両腕を広げた女性の銅像が建っていました。まるでシシリー島の女神様が、自由への解放を天に向かって祈っているお姿のように見えました。

港から町に向かうタクシーの中で、先生が同行した私たち三人に問いかけました。

「さあ、皆さんにクイズを出そう。今朝、夢を見て僕も気づかされたんだけど、今日はとっても大きな仕事があるようなんだ。さて、それは何でしょう?」

連日のお祈りで緊張続きの私たちの心がふっとなごみました。しかし、答えは皆目《かいもく》分かりません。

「ヒントは〈天使〉さ。それに〈マフィアのボス〉」

ますます分からなくなる私たちでした。

ギブ・アップした私たちに明かして下さったS先生の計画とは、この地に封じ込められているらしいルシファーを解放するというものでした。なるほどルシファーは堕天使とも呼ばれます。そして天使の仲間たちからすれば、マフィアのボスのような存在でしょう。そんなルシファーがどれほど恐ろしい存在であるかは、あまたの書物に描かれてきました。そんな恐い存在を解放してしまって本当に大丈夫なのでしょうか。とてつもないことをお考えになるものです。いえ、これは天界からの要請なのでしょうか……。

他の乗客と一緒に島の観光を終えて自由時間になると、私たちはお祈りの場所を探しました。いったいどこに、ルシファーは閉じ込められているというのでしょうか。初めて訪れたシシリー島です。地理や地形など分かろうはずもありません。しかし走るタクシーから景色を見て、先生はどんどん当たりをつけてゆかれます。とうとうそれらしき山を見つけて運転手に指示を出しました。小さな田舎町の海沿いの道を迂回しながら、いよいよ目的地の岩山が近づいてきました。むき出しの岩肌にコウモリの形の黒い洞窟のような陥没が見えます。しかし途中で通行止め。道路工事のため岩山に登ることができないので、私たちは徒歩で、岩山の正面にある海岸まで降りて行きました。場所を定めてお供え物をし、先生のお祈りが始まりました。

ルシファーよ、古《いにしえ》の昔より、その類い稀な能力のために、かえって人々に恐れられ、忌み嫌われてきた者よ。サタンやドラゴンと呼ばれ、たとえ人々のために働こうと意図しても、理解されることはなく、ただただ退治される対象でしかなかった者よ。そして、気の遠くなるような長い年月、この地の底深くに幽閉され、孤独の極みに置かれていたにもかかわらず、忘れ去られてきた者よ。あなたの気持ちは痛いほどよくわかりまするゥ。さぞや悔しかったことでしょう。さぞや哀しかったことでしょう。そして、さぞやさぞや寂しかったことでありましょう。

今この惑星地球は、かつてなかったほどの危機に直面しています。神々が、人々が力を合わせて働かなければ、この尊い尊い地球を救うことはできません。ルシファーよ、比類無き強い力と魂の持ち主よ、本来の自らの使命を今このときこの場で思い出してくださぇ。そして、今こそ私たちとともに立ち上がり、地球と人々のために今いちど働いてくださぇ。今ここでそうすることを約束してくださぇ！

（『奇蹟の旅人』より引用）

私はまるで自分が実はルシファーだったのかと思えるほど、苦しみや悲しみが込み上げてきました。そして、やっと自分の真実が理解されたのだという深い安堵と喜びが心を潤していました。

「今こそ蘇《よみがえ》り、突然現われたこの光の中で思う存分働きたい。この愛の中では、皆から恐れられた私の非情さも和らいで、無垢な赤子のような心に戻っていくようだ……」。深い一息とともに大きな翼が光の中で開かれたと感じた時、私の耳に先生の歌声が響いてきました。

「蘇れ
　立ち上がれ
　地底の闇から駆け上がれ
　光の世界に舞い上がれ……」

　力強く温かな光に包まれた時、

「出でよ、ドラゴン、ルシファーよ。

　えいっ、えいっ、えいっ！」

　痛いほどの光の玉がルシファーに注がれ、彼は暗黒から解放されて光の中に飛び立ちました。

　私にはそのように感じられましたが、Aさんも先生のお祈りの後、解放されたルシファーがヴァチカンの方角へ飛んで行ったのを見たような気がしたそうです。それを聞いた先生が言いました。

「ルシファーがヴァチカンへ行くのも自然なことじゃないの。ヴァチカンが変われば、キリスト教圏がより良くなるよ。そうなれば世界も良くなるさ」

　先生のお祈りの凄いところは、先生の優しい真心で相手を改心させてしまうことです。無理やりに相手を動かそうとは決してなさいません。相手の痛みや苦しみを理解し、思いやり、真心から愛を注ぐのです。自分の苦しみを心底理解されて、相手は深く癒され勇気づけられます。ルシファーもこれほど深く理解され、温かい優しい言葉をかけられたのは初めてだったのではないでしょうか。心の底から改心して、「これからは皆のために働きたい。お役に立ちたい」と、熱き思いでヴァチカンへ飛んで行ったことでしょう。

その翌年、私はテレビでヴァチカンの最高統治者ローマ法王を見ました。全世界に向かってメッセージを出されているところでした。それは、これまでのヴァチカンの歩みを省みてその反省のもとに営利主義を見直し、自分たちだけを善しとするような考えを改めて、他の宗教も認めていこうというものでした。

法王様のメッセージを聞きながら、私はシシリー島でのお祈りを思い出していました。「ルシファー様、ヴァチカンで働いて下さっているのですね」と、うれしく心の中で手を合わせました。

第3章　まごころ――万にひとつ

匿名の大講演者

一九九七年八月二十二日、東京での大きな舞台が先生を待っていました。フナイ・オープン・ワールドです。「二十世紀の終焉――そして誕生」と銘打たれたこの催しのために、日本のみならず世界中から現代を代表するメッセンジャーたちが招かれていました。皆、各界で活躍なさっている著名な方々のようです。そこにS先生も講演者として依頼を受けたのでした。

思えば不思議です。催しを成功させるためには何万人もの聴衆を集めねばならないであろう主催者が、まったく無名に近い一男性に講演を依頼するのは大変な冒険だったのではないでしょうか。にもかかわらずの依頼ですから、どれほどの思いであったのかが想像できます。しかし先生はその熱い思いを再三ご辞退されました。名もなく純粋に、あくまでも普通の人として生きることが先生の望みだからです。しかし主催者側の責任者がわざわざ、東京からはるばる沖縄まで頼みに来られた時、先生の心は動かされました。「心には心で応《こた》えなければならないさ……」と先生。ああ、これが「守礼の邦」の心なのだなと私は思いました。

かくして「名を伏せたままでよいのなら」という条件で、講演は引き受けられました。講演当日、東京国際フォーラムのホールに集まった人びとの心を、先生の魂の叫びが熱く揺さぶり起こしていくように感じられました。

＊

フナイ・オープン・ワールドでの講演で多くの方々に感銘を与えたからでしょう。それ以降、全国各地からS先生に講演会の依頼がどんどん寄せられるようになりました。とくに一九九八年に入ってからは、毎月のように講演会が開かれました。その主だったものとしては、三月十五日に沖縄コンベンションセンターで「二十一世紀への目覚め講演会」が開かれました。その案内状には次のようにあります。

今、地球に生きる私たちの心は清らかでしょうか?
人の心こそが地球の未来を育みます。人はどう生きるべきなのか?　私たちの魂はずっと求め続けています。全てと調和し、まっすぐに生きることを!

自然を愛し、人と和し全てを愛する心こそが新たなる時代の扉を開く鍵となります。この講演会が皆様のこれから歩む真実の道を示すきっかけとなれば幸いです。多くの皆様のご参加をこころから、お待ちしています。

「未来を築くこの一年・一九九八、来世紀を目前にどのように生きるか」と題されたこの日の講演会に、先生のお話を聞くために、沖縄のみならず全国各地からたくさんの方たちが集まりました。

先生と出会って目覚めた方たちが、自分たちにもせめて何かさせていただきたい、一人でも多くの方たちに先生の思いや生き方を伝えたいと、全国各地で講演会を開いていったのでした。それぞれの案内状にはその熱い思いが溢れていました。七月二十六日に開かれた「沖縄の一男性、東京特別講演会」の案内状には次のように記されていました。

今、心の時代と言われ、難解な本もたくさん出てますが、心を磨く、魂を磨くにはそんなに難しい精神修養をする必要はないのです。心の純粋な部分に目覚め、心から出る言葉を使い、心で思うことを実践すればいいだけなのです。

自分のためだけに生きていた人が、世のため、人のために生きることができるようになったら本当の心の時代の幕が開きます。小さな一歩からでいいのです。自分の真心に従って勇気をもって一歩を踏みだせば。

そろそろ、私たちは本来の人間の心に立ち返る時を迎えているようです。有史以来続いてきた競争と環境破壊、それらの結果としての人間の心身の破壊、またさらに、様々な所で警鐘が鳴り響く地球規模の天変地異。

どんなに高踏な宗教や哲学の教えより、たった一つの自分の心に真剣に向かい合い、共に時代を生きようとする人々が、この日、この東京に集まります。本当の奇跡は超常現象や神々の降臨ではなく、心に気付いた人が目覚め、行動しようとする時にもうすでに始まっているように思います。

一九九八年はほぼ毎月、多い時には一月に複数回の講演がなされました。先生は講演会が行われる地方に行かれるとまず土地の神様にご挨拶にうかがい、そのあと各ポイントを回りながら土地の払い清めやお祈りをなさいます。講演のために断食をなさることもしばしばですから、一回の講演会に投入される先生のエネルギーたるやいかばかりでしょうか。とくに神々様の要請を受けてのお祈りは、体力の落ちたお体には相当にこたえるようです。そばにいても代わって差し上げることのできない者たちは涙を禁じ得ません。どうして、ふらふらになりながら断食までなさるのでしょうか……。

「肉体の欲を断ち、できるだけ魂だけで話をしたいんだ」。話を聞くためにせっかく集まって来られた人びとに、できるだけ最高の話を聞かせてあげたい――。先生の愛が伝わってきます。自分の身の辛さを省みず、いつも人のために最善を尽くされるのです。

＊

九州ではこんなこともありました。鹿児島での講演会の前日のことです。いつものように土地の神様にご挨拶して回っている途中、講演会スタッフは先生とともに大きな滝の前に導かれました。神様の言葉を伝える役目の女性を通して神様の意向をおうかがいすると、なんとその大滝の中にある「宇宙を開く鍵を探せ」ということです。私たちはお互いに顔を見合わせました。それは先生に「滝に入れ」と言っているのでしょうか。あまりのことに私たちは言葉を失いました。滝の勢いは凄じく、その滝に行き着くのさえ水の流れに逆らって相当な距離を泳いで渡らねばなりません。壮健な男性であっても余程の経験がなければ、そこに飛び込むようなばかな真似はしないでしょう。ましてやいま先生は断食中で、ただ立っているのさえお辛そうなのに……。これまで幾度も危険の中から奇跡的な生還を遂げてきた先生ではあるけれど、それにしても過酷すぎる……。滝の中に飛び込んで、万が一のことでもあったら……。「先生、やめて下さい」――喉まで出かかっている言葉が、畏れ多くてなかなか言い出せません。皆、心配しておろおろしています。先生は「神様の無理難題には慣れているよ。やるしかないでしょう」と言わんばかりに、慎重に滝との間合いを測っておられます。やがてざぶんと淵に飛び込んで行かれました。はらはらしながら私たちの目は先生に釘付けです。先生は滝に辿り着こうと懸命に泳いでいます。しかし、なかなか前に進まないようです。滝から落ちる水の勢いが強すぎて、滝から押し戻されてしまうのでしょう。そのまま泳ぎ続けるのをやめて先生が戻って来られた時には、心底ほっとしました。その時には「宇宙の鍵」の重大さなど吹き飛んでいました。

「先生、もうやめて下さい。神様、どうして先生にばかりこんな苦しみを背負わせるのですか」

今はもう皆、涙ながらに訴えています。神様の言葉を伝える役目の女性から、神様のお答えが伝えられました。

《これこそ人類の犯してきた罪である。人びとは心改めず、自然を破壊し地球を苦しめ、罪に罪を重ねている。その罪をSが背負っているのだ。神を責めるより、我が身を責めるがよい……》

神様のお言葉に呆然と血の気も引いていく私たち。そんな中、先生は岸辺に打ち上げられていた長細い枯れた木の幹を水に浮かせたかと思うと、それを浮き代わりにしてまたしても滝に向かって泳ぎはじめました。何としても滝に泳ぎ着こうという決意が体中にみなぎっています。疲労をにじませておられた先ほどまでとはまるで別人のようです。何という精神力なのでしょう。皆の見守る中、今度は何とか滝まで辿り着くことができました。しかしここからが難関です。ナイアガラの滝のように横幅が相当に広い滝なのです。こちらからでは遠くてよくは見えませんが、滝の中への入り口を探していらっしゃるようです。やがて先生の姿が見えなくなりました。無事、滝の中に入られたのでしょうか。皆、一心に先生のご無事を祈りました。

先生の姿が消えてからどれくらいの時間がたったでしょうか。

とうとう「もうこれは本当に何かあったのかもしれない、何とかして滝まで迎えに行った方がいいのでは……しかしどうやって向こう岸まで渡ればいいのだろう？　私にはどうすることもできないのか――」。胸が締め付けられてどうしようもなくなった頃、滝の中からひょっこりと先生が姿を現わされました。枯れ木の浮きを使って静かにこちらに帰って来られました。大泣きの私たちとは対照的に、先生は淡々とさえしているように見えます。大きな仕事を成し遂げられたにもかかわらず、それを誇示したり威張ったりするところが露ほどもありません。どうしてこんなに時間がかかったのですか、と問う私たちに、「分からんよ。初めからやり方が分かって飛び込んでいるわけじゃない。問題にぶつかって、こうかな、ああかな、と心に浮かぶままやってみるだけさ。僕のやり方はいつもこんなさ。滝の中に鍵があったよ。宇宙のネジが弛んでいるので、この鍵で締め直さなければいけないみたいだなあ」と先生。そして、「表から見てこんなにきれいな滝も、中にはゴミがいっぱい打ち寄せられていたよ」と、大滝のことを気の毒がっておられました。自分の体のことより、人間の捨てたゴミで汚されている滝のことの方が気にかかるのです。

一方、私たちは先生のことが心配でなりませんでした。精神力を振り絞って働かせた先生の肉体への負担はどれほどのものだったでしょう。この冷え切ったお体のまま、今日も何も召し上がらずに明日の講演会に臨まれるというのでしょうか。それではお体を傷めてしまいかねません。しかし多分、先生はそうなさるでしょう。どんなに小さな生きものであっても、たとえそれが一粒の珊瑚であっても、先生の哀れみの心は深いというのに、ご自身に対してはどうしてここまで厳しくなれるのでしょう。どうしてこんなにも過酷に、自分の身を削ることができるのでしょう。先生の「捨て身」の重さを、果たして誰か知ることができるのでしょうか——。

「万が一」のまごころ

このようなご苦労を重ねながら全国を回っておられた先生にとって、大変うれしい出来事がありました。大阪での講演を終えて帰って来られた先生をお迎えして家までお送りする車中、先生がおっしゃいました。

「これまでいろいろなところで講演したけれど、今回初めての経験をしたよ」

大阪での出来事を思い出しておられるのでしょう、先生の顔がほころんでいます。

「講演会が終わって帰ろうとすると、一人のおばあちゃんがやって来て、〈先生、少しの間待ってもらえませんか。すぐに戻って来ますから〉と言うんだ。それで待っていると、戻って来たおばあちゃんが包みを渡して、〈どうぞこれをお使い下さい〉と頭を下げるんだ。びっくりしたよ。初めて講演会で聴衆からお布施をもらったよ。

これまで一万人からの人たちに話をしてきて、やっと一人、目覚めた人が出てきたということかなあ。僕の講演が終わると、皆〈素晴らしい話をありがとうございました、感動しました〉とか、〈凄いことをなさっておられるんですね。頑張って下さい〉とか言うんだけれど、それでその人たちが芯から変わっているかと言えばそうじゃないんだ。映画でも見るように僕の話を聞いて感動していい気分になって、それで終わってしまう人がほとんどだよ。なかには講演のあと僕のところに押しかけてきて、握手を求めたり個人的な相談まで持ちかける人もいる。この人はいったい何を聞いていたのかなあとガクッとくるよ。皆、自分がもらうことばっかり、ほしがるばっかりの人が多いねえ。

このおばあちゃんはたぶん苦労を重ねてきた人だから、これまで僕のしてきたことがよく分かったんだろう。だからわざわざハアハアしながら家に帰ってまで、自分の大事なお金を僕に渡さないではいられなかったんだろうね。包みには三十万円、入っていたよ。万が一という言葉があるけど、本当の感謝の分かる人が万人にひとりということも実際にあるんだねえ……」

先生は本当にうれしそうでした。このお金に込められた真心の重みを心の底から受け取っておられるのでしょう。このお金は年金をもらっている八十歳近いおばあちゃんが、こつこつ年金を貯めてつくったお金だったということです。年月をかけてつくったその大切なお金を、おばあちゃんは先生に差し上げたのです。

私はある物語を思い出しました。高野山で聞いた「貧者の一灯」という物語です。

昔から高野山には弘法大師空海様への感謝と真心を込めて灯明を捧げる習わしがあったそうです。高野山の奥の院というところには、そうやって多くの方々から捧げられたたくさんの灯明が、今もあかあかと灯っています。

さてその昔、一人の貧しい女が高野山の麓に住んでいました。たいそう深く空海様を慕っておりましたが、生きて行くのがやっとの暮らしでは一つの灯明さえも捧げることはできませんでした。それでも女は一生懸命働きました。そしてとうとう一つの灯明を捧げることができました。そんなある夜、嵐が来ました。たくさん灯っていた奥の院の灯明が大風で次々と吹き消されてゆきました。だんだんと暗くなってゆく奥の院。ところがどんなに大風が吹こうといつまでも消えない一つの灯明がありました。あの貧しい女が捧げた灯でした。人びとはこの灯を「貧者の一灯」と言って敬ったということです。

大切なのは「どれほどの思いで生きているのか、どれほどの愛と真心を込めてなすことなのか」なのだよと、この物語は教えてくれているようです。

先生にお布施したおばあちゃんよりも若くてまだまだ働き盛りの私が、果たしておばあちゃんほどの勇気と真心を持っているでしょうか。何か良いことが心に浮かんでも、一方で計算が働いてしまって身動きがとれなくなることがよくあります。あれこれと頭で考えているうちに、心のままに行動する勇気を失ってしまうのです。

「頭は計算をするから、心の欲するままに行動しなさい。心の声に従いなさい」と常々、先生はおっしゃいます。「人として純粋に、心に湧くまま自然に生きる」とは、計算や損得勘定から自由になって、真心の声に耳を傾けることだよ。その時に、人としての真実の道が見えてくる。そう先生は教えて下さっているのだと思います。

第4章　普通とは――特別なものは求めなくていい

根っこを見よ

「僕には何も特別なところはないよ。背丈も体重も普通だし、顔だって不細工でもなし、かといって男前というでもなし。頭だって良くもないし悪くもないと思う。僕は全部が普通だと思うよ……」。折に触れ何度も先生が言われた言葉。あまりにもさりげなくおっしゃるので、「そう言われればそうに違いないけれど、全然先生は普通じゃないけど……」と心で反問するばかりでした。

しかしある時、私は気づかされました。実はここに大きな教えがあったのです。「あんたは上辺《うわべ》ばかり見ている。もっとしっかり根っこを見なさい」。作業や食事や仲間との語らいの時、何かしら不行き届きが先生の目に止まっては、叱られてばかりの時がありました。一生懸命頑張っているのに、何で自分ばかりが叱られるのだろうと悲しくなるばかりでした。

「先生に叱ってほしいから、わざと失敗してるんじゃないの」と、周りから言われましたが、本人は無心に働こうと真剣でした。とくに作業などは、慣れない分、周りを見て学ぼうと力が入るのでした。そんな時です。「上辺ではなく、根っこを見なさい」と言われたのは。

「形を真似ようとするから、いつまでたっても原則がつかめないんだよ。右か左かなんてその時々で変わるさ。根っこさえしっかり分かれば、あとは自由でいいんだよ……」

そう励ましていただきながら、落ち度がないようにとますます神経は張りつめるし、悪循環からなかなか抜けられないのでした。

「根っこ」とはいったい何だろう……。そのヒントを与えられる日がとうとうやってきました。ある日、先生を囲んで仲間たちと楽しく夕食をいただいていた時のことです。団らんのひと時に心はずませながら会食が終わろうとした頃、先生の口調が急に改まりました。

「今だから言うけど、あの日のあなたの司会は失敗だったよ」

厳しい目が私に注がれています。きっぱりとした先生の言葉に、私は血の気が失せていくような衝撃を覚えました。というのは、そう言われるまで自分が失敗したことに気づいていなかったからです。

先日、「今、地球のために、私たちに何ができるのか――」をテーマに、講演会が開かれました。一人でも多くの人たちの目覚めにつながればとの願いからです。その司会を私は頼まれたのです。当時、職場でも心労が重なり低迷していた私は、内心その大役にひるんでいました。幸い、司会はできるだけ簡略にしようという方針になり、本番では何とかミスせずに乗り切れたと胸を撫で下ろしていました。おまけに会が終わってから、「さすが美砂さん、よかったよ」なんて褒められて、任務は果たせたとばかり思っていたのです。ですから突然「失敗だった」と宣告されて、恥ずかしさと申し訳なさで一杯になりました。大事な時に大切なお役目をいただきながら、どこかに自分の不心得があったのだと直感しました。隣にいたAさんが、「いえ先生、美砂さんに朗読をお願いしたのは僕ですし、司会をできるだけ手短にして時間を短縮しようとみんなで決めたことですから……」と庇《かば》って下さいましたが、先生の厳しいお顔は和らぎませんでした。

「そういう問題じゃないよ。いくら時間を短くするといったって、講演者が引き立つように紹介するのが司会でしょう。あんなそっけない紹介では引き立たないよ。皆が、わあ、そんな素晴らしい人なら話を聞いてみたいと思うように、心を配るのが司会の役目でしょう」

そう叱られて、先生の言葉が思い出されました。

「自分が前に出ようとすると、神様を隠してしまうよ。自分が後ろに下がれば、神様が出て来る――」

私は講演会での自分の心の様子を振り返ってみました。自分は不調なため、司会がうまくできないのではないかと恐れ、逃げ腰になっていました。自分の不調さに心が曇って、講演して下さる方々や聴衆の方々をいちばんに思いやる心に欠けていたのです。どんなに具合が悪かろうと、皆を思いやる誠実さがあれば、もっと心を尽くした司会ができたはずでした。そのことを先生は叱って下さったのだと思いました。私はますます申し訳なくなりました。声がきれいだとか、朗読が上手だとか、そんな上辺は問題じゃないのです。心という根っこがしっかりせずに、上辺や技術に頼ろうとした自分が恥ずかしくてたまりませんでした。

いま振り返ると、あの頃、何か無意識のうちに自分が特別な働きをせねばならない、際立った働きをせねばと焦っていました。落ち着いて周囲に気を配るどころか切羽詰まって追い詰められていくような心持ちで、「功を焦る」とはあのような状態をいうのでしょう。相手を思いやり、真心で接することが基本なのに、その根っこがおぼつかないまま、人の評価や上辺ばかりに気をとられ大事なものが見えずにいたのです。「私」という思いが強くなるほど、本分から大きく外れてしまうということを教えられました。

「自分が前に出ようとするな。自分が出てしまうと、大事なものを隠してしまうよ」。先生からの大きな戒めでした。

特別なものは求めなくていい

こんなこともありました。北海道のある場所を訪ねるようにとのメッセージを感じて、先生に打ち明けた時のことです。「行って来たらいいさ」と勧めて下さる先生に、つぶやくともなく自分の迷いを正直に口に出してしまいました。

「でも、そこに行っても先生のようにお祈りできるわけでもないし、私が行っても意味ないですよね……」

「それが傲慢なんだよ」

先生に一喝されてしまいました。

「自分に何かできると思っているところが傲慢なんだよ。〈自分はせめてそこに落ちているゴミの一つでも拾えたらいい――〉。そう思っていればいいんじゃないの。まったく、自分はたいしたことができると思っている人たちが多いよ……」

「………」

「何もできなくたって、感謝することはできるんじゃないの……」

私は心を打たれました。これまで先生が歩んでこられた遥かな道のり。超人的ともいえる命がけの厳しい道。その一歩一歩が、実はこんなにも謙虚で無垢な思いで満たされてきたのだと知って心が震えました。

先生の偉大さは、この心なのだ。先生に何か特別な能力や技術があったから、世界中を旅したり、たくさんの人たちを助けたりできたのではないのだ。この純粋な心ゆえに、人びとは先生を敬愛し、神々様が心動かされてご自身の願いを託されるのだろう。

私にもやっと先生のおっしゃる「普通」の意味が分かってきました。「僕には何も特別なものはないよ。全部普通だよ」ということは、「特別なものは何も必要ないよ。大事なのは心だよ」ということだったのです。心は誰でもが普通に持っているものです。

「特別なものを求めようとするな。それは欲ではないのか。自分のために特別なものを求めるより、人に与えなさい。他のために真心を尽くしなさい」と、それは先生がいつも見せて下さっている後ろ姿です。先生の「普通」の中に込められた大きな真心のメッセージを、聖火のように心から心へ灯すことができたらと思いました。

第2部

虹の旅

～国連平和サミット～

第1章　旅のはじまり

八月二十七日

「八月二十七日は、次の誰の誕生日？　1．宮沢賢治　2．孔子　3．マザー・テレサ。正解は、全員です」

沖縄発、東京行きの飛行機の中で新聞を開くと、こんな投稿記事を見つけました。「コスミックハーモニー」と題された投稿の主は、高校教師を経て、今は笛工房を主宰する私の友人でした。それには「和して同ぜず」という孔子の教えと、「正しく生きるとは　銀河系を自らの中に意識してこれに応じていくことである」という賢治の思想、そして「〈私はなりたい〉か〈なりたくない〉かにすべてはかかっている」というマザー・テレサの言葉が紹介されていました。

『時と所を超え、人類が求め続けてきた究極あるいは永遠の目標、それが「愛」「慈悲」「仁」あるいはその他いかように呼ばれようとも、その目指すところが一つであってみれば、それぞれの道（立場）を尊重し合い、共に響き合う仲間でありたいと思う』と述べられていました。孔子、宮沢賢治、マザー・テレサの誕生日である八月二十七日を人類の先達の高い志と響き合う日にしようと呼びかけて、毎年、彼は八月二十七日に芸術祭を主催してきました。

「古今東西の諸先達の高い精神と響き合うべく、二〇〇〇年夏、〈新世紀の虹の志士〉が、宇宙へと広がるハーモニーを演出する。（来れ、新世紀の扉を開く、夢のハーモニーの空間へ……）」と呼びかけられていて、今日の芸術祭には沖縄を代表するアーティストが一堂に会すると紹介されていました。

「そうだ、昨年の今日、私も彼の呼びかけに応《こた》えて、インド舞踊を踊らせていただいたのだった。今日、またこの大切な旅立ちの日が、八月二十七日に当たっているというのも意味のあることかもしれない。ご縁というのは不思議なものだなあ……」

そう思う私は今、ニューヨークに向かおうとしているのです。同じ機内には、私が敬愛してやまないS先生がいらっしゃいます。先生と旅をご一緒させていただくのは本当に久しぶりです。もしかしたらもう今生ではご一緒させていただくことはないかもしれないとまで思っていたほどですから、大きな緊張の中にもうれしさが込み上げてくるようでした。

そのうちに、私はうとうとしていたようです。夢うつつの中で、こんなことを考えていました。

「人は生まれると、どこそこの何某《なにがし》という名前をつけられ、誰々の父親、母親、妻、夫として人間社会の枠組みの中で生きているけれど、いったん地位や職業や血族といった人間社会の中での視点を離れて、宇宙や地球や人類の歴史の流れの中で眺めてみれば、自分が人としてこの地球に降ろされた目的や役割が見えやすくなるかもしれない……」

そして着陸寸前に、不思議な夢を見ました。

私が旅行の準備をしていると、どこかの初老の女性が「何をしているの?」と聞きました。「これからS先生と仲間たちでニューヨークにある国連本部に行くのよ。世界平和実現のために、これから皆がどうやって働いてゆくのかを話し合うために、世界中からミコトたちが集まって来るの」と私が答えると、彼女は「それならこれを」と言って、白い封筒を手渡してくれました。「いいえ、申し訳ないです」と慌てて辞退しようとしましたが、もうおばあさんの姿はなく、あとにはきらきらと輝く鏡のような丸い光が残っていました。ああ、あのおばあさんは神様だったんだと思いました。神様が下さった白い封筒とは、いったい何だったのでしょうか。私に足りないものを神様が気づかって、与えて下さったのでしょうか。はっきりとした意味は分かりませんでしたが、おばあさんのお心づかいをうれしく思いました。

旅立ちまでの数日間、十分に眠っていなかったせいでしょうか。成田からアメリカに向かう飛行機の中でもいろいろな夢を見ました。十一時間もの空の旅は退屈で窮屈なものと覚悟していましたが、何だか楽しく感じられました。時間がたっぷりあるので安心して眠れます。いくら眠ってもいいなんて、何て贅沢なんでしょう。星空の下、沖縄の浜辺に寝ころんでいるような心持ちで眠りました。眠っているうちに、かなり疲れていた身体が整ってきて、活力が充電されてゆくのが感じられました。心地よく眠りに落ちていくごとに、心も魂も生き返っていくようでした。そしてまた、ふーっと眠りに落ちた時、自分が虹色のフェニックスになってはばたいているのを感じました。あれっと我に返ると、今度は外からフェニックスを見ていて、フェニックスは大地に降りました。これから虹のエネルギーを、虹のフェニックスが世界に運ぶのだと感じました。

虹色のフェニックスになってはばたいている時のスピード感と充実感が、目覚めた後も残っていました。さて今度の旅では、どんなドラマが待っているのでしょうか……。

ホピの預言

「それでは、明日からS先生のお供をして、ニューヨークの国連本部に行ってきます」と言う私に、友人のOさんが言いました。

「一つお聞きしたいことがあります。〈ホピの預言〉って知っていますか」

よくは知らないと私は答えました。

「アメリカインディアンのホピ族に伝わる予言なんですが、その中に〈白い人〉というのが出てきて、その人が地球を救うと言われているんです。その〈白い人〉って、S先生のことではありませんか？　何かお聞きになったことはありませんか？」

十数年前、アメリカインディアンを支えるための活動にわずかばかりの献金をした時、「ホピの預言」というビデオ上映会に誘っていただき、同名の小冊子をいただいたことを思い出しました。「ホピ」とは、平和を意味する言葉で、ホピ族はインディアンの中でも霊性の高い人びととして尊敬を受けていると聞きました。

「私自身はいま何とも言えませんが、機会があればお聞きしてみましょう」と私は答えました。

翌早朝、沖縄を発ち、羽田を経て、成田から私たちは飛び立ちました。搭乗前、お世話役の僧侶の方から、旅の目的である「世界平和ミレニアム・サミット」についての説明がなされました。

「このたびは、世界中から宗教の最高指導者や精神的指導者が集まって来られるが、このようなことは、国連で初めての試みである。これはインドが最初に呼びかけて、実現の運びとなった。日本からの代表として、天台宗の座主や伊勢神宮の大宮司などが参加される予定である。私たち一行四十五名はその方たちとは別に、かねてよりインドと親交のある日印文化協会の統率のもと、インド代表団とともに行動したいと思う」

この四十五名のうち、私たちのグループは、まず国連親善大使のTさん、Tさんの尊敬するS先生、大学助教授のAさん、気功サークルを主宰するHさん、フリー・アナウンサーのNさん、会社を経営するMさんに、目に見えない世界とも交信できるという能力を持つ主婦のEさん、それに私の八人です。

＊

十三時間あまりの空の旅を終えると、ケネディ国際空港に着きました。そこから小一時間ほどバスで走り、滞在先となるホテルに到着しました。ニューヨークでも屈指の名門ホテルだそうです。部屋割のためホテルの一室に召集されると、そこにはアリゾナのフェニックスから駆けつけてきたGさんが待っていました。Gさんはアメリカ・フェニックス在住の同時通訳者です。二年前にS先生と出会い、今回も先生に会うためにはるばるアリゾナからやって来たのです。同じ国内とはいえ、ニューヨークまでは飛行機とバスを乗り継いで、かなりハードな旅だったようです。しかし旅の疲れも吹き飛んで、私たちは再会を喜び合いました。部屋割が発表されるとあとはフリータイム。今夜はゆっくりくつろぎましょうと、希望者はEさんと私の相部屋である七五二号室に集まることにしました。集まったのは、GさんとAさんとMさんとS先生。あとの方は、同室の方がいらっしゃるのでお誘いするのを控えました。

皆で歓談しているうちに、私は出発前に友人のOさんから受けた質問のことを思い出しました。ちょうどよい折だと、質問してみることにしました。

「S先生、先日Oさんに、〈ホピの預言〉に出てくる〈白い人〉は、S先生ではないかと聞かれたんですが、どうなのでしょうか。何でも〈白い人〉が現われて、地球を救うと言われているんだそうです」

いったい何の話だというようなS先生の表情です。代わりにAさんが口を開きました。

「そういえば、去年、先生が登ってお祈りをされたT山の麓の村も、ホピの石板が発見されたと騒がれましたよね」

「そうそう、そこは私が生まれた村なのよ」。Eさんが興奮気味に答えました。

なんだか、縁の糸がつながってきそうな予感がします。

「ホピの預言によると、ホピが代々伝えてきた石板と、東の国からやって来る〈白い人〉の石板が二つ合わさった時に、地球が救われると言われています。それでホピの人たちは、代々石板を大事に伝えてきました。ホピ族の中でも特別な人物を選んで石板を託してきたのです。ところが、今世紀になって石板が盗まれてしまいました。石板を伝える役目の長老は、それでも石板に描かれたメッセージは一つ残らず覚えているから心配はないと言っていますが……」と、長年アリゾナに住み、ホピの長老たちとも親交の深いGさんが言いました。

するとと初めてS先生が口を開きました。

「たぶん大事なのは石板という形あるものではなくて、石板で象徴されている形のないものじゃないかな。人間はすぐ形にとらわれるからね。石板という〈形〉が大事なのではなくて、ホピが伝えてきた意思、つまり形のないものが大事なんじゃないかねえ。石と意思――。何でこんなことがすぐ分かってしまうんだろう」

「ということは、ホピの〈意思〉と東から来る〈白い人〉の〈意思〉が一つに重なり合った時、地球は救われるというわけですね」

Aさんの瞳が輝きはじめました。

「その白い人が東の国で見つけて一緒に帰って来る創造主のような存在の名をマアサウというんですよ」とGさん。

今度はS先生が声を上げました。

「僕は子どもの頃、マーサーと呼ばれていたんだよ」

皆が驚きの声を上げました。何気なく始まった会話からどんどん話が展開してゆきましたが、ここでホピの預言のあらましを書いておきましょう。私が友人から教えられた話です。

「これはホピ族に伝えられる話です。昔、二人の兄弟がいました。兄は東の国にすべてを造りたもうた創造主のような存在マアサウを探しに出かけました。弟はあとに残りましたが、やがて人びとが神の心から離れた生活をするようになり、老人の言うことを聞かなくなってすべてが破壊され尽くそうとした時、東の国から白い人である兄が戻り、二つの石板が一つになって世界が救われるのです」

「兄である白い人は、マアサウを見つけたのですか」という私の質問に、彼女は答えてくれました。

「ええ、たぶん。兄は東の国でマアサウを見つけて、弟のところに帰って来たのだと思います」

私は唸ってしまいました。マアサウが創造神のような存在であるとするなら、創造神とつながり、その光を降ろされているS先生をマアサウということもできるのではないでしょうか。また、マアサウが創造神そのものだとするならば、創造神からの光を発せられるS先生を白い人だと考えることもできましょう。

謎に満ちているとされてきたホピの預言が、こんなにも身近で謎解きされるなんて――。

驚きと興奮の中、霊能力を持つEさんを通じて神様にうかがってみることにしました。

Eさんが意識を集中させるとアマテラス様がメッセージを下さいました。

《Gさんとともに、十数名のホピの長老たちがニューヨークにやって来ました。ホピの地からここまで長老たちを運んで下さったGさんに心より感謝申し上げます。長老たちはここに石板を携えて参っております。どうかこれにS様のお心を合わせて、明日、国連でサミットに光を放っていただけないでしょうか。

先住民の心は、温かくて優しさに満ちています。それは日《ひ》の本《もと》の心も同じです。優しさは、何ものにも負けはしません。

私は明日、早朝、数名の仏教者とともに国連会場へ参ります。何とぞ明日は、よろしくお願い申します》

このお言葉を聞いてS先生がおっしゃいました。

「アマテラス様もたいへんだねえ。あなたたちだって大事な催しの前には、行ってお掃除して清めをするでしょう。神様みずからがお清めに行かれるんだから、今度のサミットがどれほど凄いものかが分かるねえ」

私の心に空海様や日蓮上人様が浮かんできました。りりしいお坊様方を伴われ、自ら会場を払い清められるアマテラス様を想像して、日の本の神様のお心に頭が下がりました。

そのあと、大本《おおもと》教の開祖、出口なお様よりメッセージがありました。

《宇宙の神様よりご招待いただきニューヨークに参りました。大本の者たちもお導きいただき、ありがとうございます》

夜も更けてきたので、ここで散会となりました。ニューヨークの夜景を見てみたいというEさんは、Gさんと一緒に部屋を出て行きました。

一方、S先生は、ご自分の部屋に戻るとドアが開かず、フロントに降りて行きました。キーを交換しながら、もしこれが「鍵が開かない」というメッセージならば、おざなりにはできないと気づいた時、ロビーに墨染めの衣に笠をかぶった空海様のような僧が立っていたそうです。こんな夜ふけに不思議なことです。ちょうどそこへEさんとGさんが現われたので、もしやこれは、空海様が何かおっしゃりたいのではということになり、改めて先生の部屋でメッセージを聞かれました。

空海様は本当は先生に、サミットが始まる前に国連の清めのお祈りをしてほしかったのだそうです。そのお気持ちをお察しして、先生は明日の朝早く、国連本部に行かれることになりました。

第2章　国連清めの祈り

人霊神の働き

翌八月二十八日早朝、私たちは五時に起床し、ロビーで落ち合い出かけました。足の痛む先生に歩いていただくのは心が痛みましたが、国連本部までは十五分くらいの道のりです。近すぎてタクシーの運転手に気の毒だと思われたのでしょう。先生は自ら歩きはじめました。

先生は今年の三月下旬にも国連を訪れています。今年七月に沖縄で開催された「九州・沖縄サミット」に先立って、その参加国を歴訪してお祈りするために先生は世界を一周されました。その旅の折、国連本部に立ち寄ったのです。その時、桜の花の季節は過ぎているのに、一本だけ満開の美しい姿を見せてくれていたそうです。S先生の行かれるところは奇跡の連続ですが、このような話をうかがうと、地の神様、自然の神様のお心づかいがうかがわれて、神と人との心の交流に心深まる思いがします。

マンハッタンのビル街を、痛む足を庇《かば》うようにして、先生は足早に進んで行きます。町にはまだ人通りは少なく、ゴミの詰まった大きなビニール袋がいくつも置かれて集配の車を待っていました。

これはあとになってお聞きした話ですが、昨晩、先生のところには空海様だけではなく、お釈迦様も来られたそうです。今回の平和サミットは、何とお釈迦様が立案者なのだそうです。それでご自分の子孫やお弟子たちを動かして、インドを人間界での発起人とさせたわけです。何とか人類を救わんと懸命に働かれているお釈迦様の心が伝わってくるようで、私の心にずしんと響きました。

そういえば、出発前に先生が私たちに質問されたことがありました。

「九州・沖縄サミットの開催を決めたのは、宇宙の神様か、地球の神様か、それとも人が死んでから神になった人霊神か、皆、どう思う？　これを知ると、皆が神と考えていることが、いかに見当違いであるかがよく分かるよ。誰か分かる者はいないか」

その場にいた四、五名のうち、半数は地球の神様、半数は宇宙の神様という答えでした。先生は言われました。

「ほら、誰も分からんさ。答えは人霊神。地球規模の大きな催しのサミットでさえ、人霊神の決める領分なんだよ。地球の神、まして宇宙の神ともなるともう想像もつかないでしょう。宇宙の神というのは、皆が考えているようなものじゃないんだよ。それほど凄いということさ……」

お釈迦様にしても、そういう観点からすれば人霊神ということになります。死してなお人類と地球のために働いて下さる尊い魂――。ありがたさと同時に自分たちの未熟さが申し訳なく思われました。

ビルの谷間を歩きはじめて十五分ほどして国連本部前に着きました。お祈りする場所を探して、建物の横や裏手をうかがってみましたが、やはり正面からがいいようです。もう一度建物の正面に戻り、お祈りの準備を整えました。目前には、世界中の国旗がはためいています。先生はポケットから小さなペットボトルとグラスを取り出しました。沖縄の聖なる水場から湧出する岩清水をグラスに注ぎ、きれいに手入れされた生け垣の上に置きました。先生はこれまで世界中にこの岩清水を運び、また、世界中から水を持ち帰っては、沖縄の聖なる水場と世界中の聖地を結んでこられました。私たちは先生を中央にして、左右に分かれて一歩さがって並びました。

先生のお祈りは両手を大きく広げたり、全身を自在に動かしてなされます。ときどき通りかかる通勤の人たちの目を引かぬよう、Mさんと私は、先生とEさんをお守りするように気を配りました。

さあ、いよいよS先生のお祈りが始まりました。

「国連の地の神様、アメリカの地の神様、Sでございます。また参りました。どうぞよろしくお願いします。これからこの地で、史上初めて世界の精神的指導者たちが集まって、同じ席に着き話し合いをします。どうぞ手と手を取らせて下さい。地球の神々様、どうぞお導き下さい。

そして宇宙の神々様、どうぞ降臨されて、この地をお清め下さい。そして光をお与え下さい……」

先生は地球ハラエドの大神様、宇宙ハラエドの大神様に呼びかけて四方八方を払い清めた後、渾身《こんしん》の気合いを込めて、「えいっ、えいっ、えいっ!」と両手からの光を、国連本部の建物に向かって投げかけました。そして祝詞を奏上されました。

Eさんによると、先生がお祈りされると宇宙の光が降りてきて、国連本部を包むようにしていたということです。また先生と私たちが国連本部に着いた時、日本の神様たちはもうすでに来られていて、先生を待たれていたそうです。十二名ほどのインディアンの長老たちも来られていて、儀式用の裾の長い装束を着けていたということです。

お祈りが終わると、先生は感慨深げにご自分の半生を振り返っているようでした。

五十年前の出生の秘密、働き者の両親のもとヤンバルの自然の中での生い立ち、目覚めるまでの実業界での日々、子どもたちを想っての配本の旅、全国行脚、世界中への祈りの旅……。訪れた国々は百数十カ国にもなりました。そして一九九九年には、宇宙史にも残るような大きなお祈りがなされました。

一九九九年七の月……

「一九九九年、アンゴルモアの大王が天から降ってくる」というノストラダムスの大予言が世間を賑わせたことがありました。ちょうどその頃、S先生は人知れず日本の中心部に位置するある山に登られ、命をかけて大きなお祈りをなさいました。一九九九年七月七日、地球の神々様はじめ、宇宙の神々様までも結集され、地球を救わんがための宇宙史に残るほどの大きなお祈りだったそうです。その時の様子を霊視しておられた方が次のように伝えて下さいました。

先生の体全体を使ってお祈りされることにより、本当に考えられないくらいの奇跡が起きました。

先生の体が宇宙と交信するプラグの役目となり、もの凄い量の「気」（エネルギー）が宇宙から降りて来ました。地球全体を無限（天8地）で結んでいるのが見えます。

このことにより、自然における一つひとつの個々に対して気力が増すというか満ちている感じで、地球が創造された時と同じような新しさとでも言った方が分かりやすいでしょうか、何と表現したら良いのか分からないくらいに命が詰まっているといった感じがすごくします。

ですから、自然に近い（神の心に近い）人間は、地球の今から始まる、「地球を元に戻すための自然治癒力」（天変地異）に何か感じるところが出てくるようです。

このことに気づき、人が地球のために今までの生き方を改めることが出来るなら、また、その考えを持つ人びとが多いほど、天変地異も少なくなるようです。

先生の祈りにより、私たち人間も地球と共に生存のチャンスをいただだたのです。

このお祈りによって、地球と地球の神々様は親神様の宇宙からの凄じい光をいただき、破滅ではなく、これからの努力によっては蘇生してゆくことができるというお許しをいただいたということです。ノストラダムスが予言していた「アンゴルモアの大王」とは、このとき宇宙から降り注いだ、親神様の凄じいばかりの光のことだったのではないでしょうか。だとすれば、ノストラダムスは予言を的中させたわけです。

九州・沖縄サミットに集う神々

それから二〇〇〇年に入り、さらにS先生の重責が極まってきます。先生のもとには、神様の取り次ぎをされる何人かの方々からメッセージが送られてきます。それらによれば、二〇〇〇年の七月末、九州・沖縄での先進国サミットが終わった時、人類が目覚めに近い状態でなければ人類は救い難いということでした。

それでまず、先生は三月下旬にサミット参加国を歴訪する世界一周の旅に出られ、サミット参加国の守護神様たちを日本にご招待されました。人の世界でのサミットに先立って、神々様のサミットをしていただくためです。それほど七月の先進国サミットは重要だったのです。地球を代表する先進国の代表者たちが、「これからの地球はこうありたい」という決意を宇宙の神様に対して宣言するような意味合いがあったのだそうです。その地球の決意をもって、宇宙の神様が「地球を救おうじゃないか」と心を動かして下さるかどうかという大事な瀬戸際だったのです。それで人間の知恵だけではなく地球の神々様にも働いていただくために、先生は自ら足を運ばれて、サミット参加国の守護神様たちを日本に招待されたのでした。

宇宙の五柱

さらには地球を救うために、まだしなければならないことがありました。それは誰にも代わることのできない、S先生にしかできない仕事でした。遅くとも二〇〇〇年の七月末までに、世界の辺境の地に「宇宙の五柱」を建てなければならないというのです。「宇宙の五柱」とは、親神様から放たれる「地球に対する光のカンフル剤」のようなものなのだそうです。われわれには想像もつかないことですが、地球に対するカンフル剤となるほどの光とは、いったいどれほど強力なものでしょうか。凄じいエネルギーの宇宙の光を降ろされる時、生身の先生のお体は大丈夫なのでしょうか。世界一周を終えられた四月から七月までの四カ月間で、「宇宙の五柱」を建てる場所として選ばれたバミューダ、ノルウェー、ガラパゴス、インド洋、アラスカの五カ所へ飛び、本当に先生は「宇宙」の柱をすべて建てようとなさるのでしょうか。一本であっても大変な衝撃を体に受けることは分かりきっているのに――。

初めから先生は無茶を承知で、覚悟を決めておられるのです。しかし、先生にはご家族がいらっしゃいます。愛しいご家族さえも、地球が救われるためなら、犠牲になさろうというのでしょうか。「愛とは犠牲なり」という言葉が思い出されました。

さらには責任という重圧がますます大きく先生にのしかかっていました。ある時、先生はため息まじりに心中を語られました。

「考えてもごらん。今まで一度もやったことのないようなことをしなければならないんだよ。しかもそれが成功するかどうかに地球の命運がかかっているというんだ。ちょっとしたミスも許されない。それを短い間に体調を整えるいとまもなく、次々に果たしていかねばならないんだ……」

私たちからすれば、先生がなさることだからと成功を信じているのですが、使命を遂行する先生からすれば、成功するその時まで気が抜けず、一瞬一瞬が真剣勝負です。

しかしそんな重責も、先生はとうとうやり遂げて下さいました。二〇〇〇年五月一日には大西洋のバミューダ島、五月二十七日にはノルウェーのノールカップ、六月五日には太平洋のガラパゴス諸島のサンタ・クルーズ島、六月十五日にはインド洋のレユニオン、六月二十三日にはアラスカのバローでお祈りし、宇宙の五柱を建てたのです。一九九九年七月七日に日本に建てられた中心の柱を加えると、これで宇宙の六柱が建ったわけです。さらに、二〇〇一年五月にはアフリカのカナリア諸島に七本目の柱、二〇〇一年七月には北極に八本目の柱が建てられました。そして先生は、これから地球を支えるための九本目の柱、最後の宇宙の柱を南極に建てに行かれようとしています。

神の決意

このようにして、世界一周の旅と「宇宙の五柱」建てという二大プロジェクトが、サミットに先駆けて奇跡的な早さで成し遂げられました。そしていよいよ迎えた九州・沖縄サミット。結果は果たしてどうだったでしょうか……。

二〇〇〇年七月二十一日から二十三日まで行われた沖縄サミットが終わった翌日、関西に住む友人からＦＡＸで、神様のメッセージが送られてきました。

地軸変動の危険性が生じました。あなた方は、心しておきなさい。

沖縄サミットに関して……。

アメリカという若い国びとが実りあるべき席を蹴ってしまったからです。

心よりモノの世界を優先させてしまったからです。

あなた方のつくった社会は、親が子を殺し、子が親を殺し合う世界であることを識《し》りなさい。

終焉が刻々と近づきつつあることを識りなさい。これを人びとに伝えなさい。

内容に衝撃を受けた私はS先生のもとに急ぎました。メッセージをお伝えすると、先生は慌てる様子もなく、「だいたい見当はついていたことさ」とおっしゃいました。

「表面的にいえばあたらずさわらず、やあやあということで無事に終わったといえるだろう。しかし新聞に載っていたけれど、クリントン大統領がイギリスのブレア首相と朝食の折、ブレアさんがクリントンさんに言ったそうだ。

〈沖縄の人たちがこんなに基地を嫌がっているんですから、撤廃してはどうですか〉。クリントンさん、イエスとは言わなかったそうだ。アメリカ国内での事情もあってイエスとは言い難かったのだろうが、まさに〈親の言うことを子が聞かない〉というやつさ。歴史的に見たら、アメリカにとってイギリスは親みたいなものだからね。最近は親と子の殺人事件も続いているし、神様の気持ちも分かるよ」

そうおっしゃる先生でしたが、私は何だか先生に申し訳なくて、どうぞ先生がお力落としのないようにと祈るような気持ちになりました。そして「いつか地球のためにお役に立ちたい。少しずつは人間も変わってくるだろう」などと考えていた自分たちののんきさを反省しました。もう私たちには「いつか」などないのです。いま気づき、心を入れ替えて地球のために働かなければ、生まれてきた意味がないのです。「もう、今しかない！」。遅いかもしれないけれど、力を合わせて真剣に働いてゆこうと決意しました。

「虹の館」のプロジェクト

このような流れの中、S先生のお宅では「虹の館」の建設が進んでいました。前出の二大プロジェクトに加えて、地球救済のための第三のプロジェクトが宇宙の神様をお迎えするための「虹の館」作りでした。外から見れば、住宅の隣りに作られた八角形の温室なのですが、実は、地球史上初めて親神様から宇宙の光が降ろされる大切な場所として計画されていたのです。

先生は、海外に飛んでは「宇宙の五柱」を建て、家に帰っては「虹の館」建設作業の陣頭指揮をとられるという過密スケジュールを続けておられました。これではいくら超人的な意志を持っていらっしゃる方でも、身も心も疲れきってしまうのではないかと心配されましたが、「体を休めるより何より、とにかく何としても〈虹の館〉を完成させねばならない」という気迫が、恐いほど先生から伝わってきました。一刻の猶予もならない地球の危機的状況が予測されました。

「虹の館」は、終戦記念日でもありS先生のお誕生日でもある八月十五日に合わせて落成されました。八月十五日には建設のお手伝いをさせていただいた沖縄のスタッフに加えて、「宇宙の五柱」建てをはじめ、いつも先生をサポートして下さる東京スタッフなど、全国各地から真心の使者たちが招待されました。昨日、一応作業を一段落つけたとはいえ、まだ細かな手直しや掃除が残っていて、午前中は作業が続きました。本土から来られたメンバーは作業を手伝うことができてとてもうれしそうです。

しなければならないことは次から次に出てきました。何しろ今日は「虹の館」に神様をお迎えするのですから、これでよしとなかなか言えるものではありません。仲間に会えた喜びと、神様をお迎えするのだという緊張と晴れがましさが溶け合いながら、午前中はずっと聖なる場を整える仕上げの作業が続きました。

「ほら、もう時間が迫っているよ。山に行く人は皆、車に乗って……」

お昼近く、先生の叫ぶ声に促されて、慌てて私たちは車に乗り込みました。今日は正午に山の上にあるピラミッドでお祈りの予定だそうです。お山に登らせていただく前に、全員、みそぎを受けるべく、車で十分あまりの聖なる水場へと急ぎました。S先生を入れて計十七名。皆、先生のもとで心を学ばせていただいている者たちです。沖縄から十一名。本土からは五名。

水神様への先生のお祈りが終わると、私たちは順番に岩清水で口を濯ぎ、頭を濡らし、手足を清めさせていただきました。正午のお祈りに遅れぬよう、今度はピラミッドへと急ぎました。

山上の祈り

今日このように皆でピラミッドに来ることも、お祈りに参加させていただくことも前もってうかがっていませんでしたので、私は畏れ多く感じながら皆について行きました。といいますのは、山上のピラミッドはS先生が海外に向かってお祈りする時や宇宙の神様と交信する時に登られるところで、めったなことでは行かせていただけるところではないからです。こういう聖なる場所に生半可な人間が一緒について行くと、高い次元の神様は降りて下さらないそうです。祈りに参加する者たちの心に見合った神様しかいらっしゃらず、一人でも心の次元を下げるような人がいた場合、高い次元の神様はそこに降りられないのだそうです。さらにはどんなに素晴らしいお祈りをしてみても、その中に邪《よこしま》な考えの者がいれば、祈りによって立てられた柱に黒いまだらな斑点ができてしまうそうです。天に伸びゆく祈りの柱に黒い斑点ができるなど、思っただけでもぞっとします。この話をうかがってから、先生がお祈りするところに近づくのが恐くなりました。今日、このような大事なお祈りに同行させていただくことに、戸惑っていたのは私だけではなかったでしょう。「我こそはS先生と一緒に宇宙へのお祈りをするのだ」などと思っている人はたぶん一人もいなかったでしょう。皆、これまでの歩みの中で先生の背中を見ては自らの未熟さを恥じ、涙を流し流し歩んできたからこそ、今ここに自分たちが立たせていただくことの重大さをひしひしと感じていました。

ピラミッドのあるお山に登って行くと、そこには珍しいご神体が待っていました。ピラミッドの中央にご神体が置かれていたのです。今日、このご神体が宇宙創造神のお使いとして、「虹の館」に入られるのでしょう。なぜここに置かれているかというと、宇宙の「気」を受けていただくために、何日か前にピラミッドに運ばれたのだそうです。今はまだ魂が入っていないのでただの置物にすぎませんが、魂が入る前からこのように下準備が始まっていたのです。

こういった神事の一つひとつを先生は段取りされ、実行に移されてきたのでした。これも先生がやろうとしたわけではなく、神様からの要請でした。そもそも「虹の館」は初め、スタッフの休息所を兼ねた温室として計画されていました。先生が私たちを気づかって建設を提案して下さったのでした。ところが、途中で神様からメッセージがあったのでしょう。そこは神様がお使いになりたい、しかもこれまで地球がお迎えしたことのないような高い次元の神様だということです。そういうわけで、人目には温室、実はご神殿という「虹の館」が誕生したのです。

このように、先生は地球を救うための「宇宙の五柱」建て、天変地変を鎮めるための祈り、ご神殿の建設など、神様たちとやりとりしながら複数の神事を重層的に進めておられたのでした。他に代われる者がいれば、先生お一人に重責を負わせるようなことにはならぬのでしょうが、私たちが知ることを許されることも、理解できることも、先生がしておられることのほんの一握りにすぎないのだと実感され、ただただ頭が下がるばかりです。

宇宙への祈り

正午まであともう少し、私たちも自分の座に着かねばなりません。ピラミッドの石積みは上から見るとドーナツ型をしていますから、十二の干支の方角にそれぞれの生まれ年に当たる者が座って円陣を形成するのです。先生を除いて私たちは十六人。まず、ピラミッドの石積みを囲むようにして、四隅に力自慢の屈強の男性四名が立つことになりました。あとの人たちは、自分の生まれ年に当たる方角か、そこに近い位置に座りました。先生はその真ん中、ピラミッドの中央に立たれました。ちょうど正午になると、天に向かって祈りはじめられました。先生が宇宙の神に呼びかけると、宇宙の神はピラミッドに降臨されたようです。先生は、今の地球の窮状を苦しそうにお話しされました。人びとの心が荒廃し、一向に目覚めようとしないこと、その人びとの心を映し出すような社会問題や事件の数々。汚染と破壊の進んでゆく地球環境、自然界の生きものたちの悲痛な叫び……。何とか人びとが目覚めるように、世の中や地球が少しでも良くなるようにと骨身を削って働いて来られた先生の苦悩が伝わってきて、焼けつくような日差しのもと、私の心もじりじりと焼かれました。

神々様も、S先生が祈ると天変地異を起こすことができないので、「頼むから、もう祈らないでほしい」とメッセージを伝えて来られたということです。また先生ご自身も、汚染された体内の毒素を浄化しようと身悶え、爆発しようとする地球の自浄作用を抑えることを、地球や自然に対して大変気の毒がっておられました。

炎天下のピラミッドで、先生が宇宙の神様に話されているのを聞きながら、人びとの愚かさや目覚めの遅さが、すべて自分のことに重なって聞こえてきました。「先生に出会わせていただきながら、いったい自分は何をしていたのだろう。お役に立つどころか、足手まといになり、ご苦労をおかけしただけなのではないだろうか。何という情けなさ――」

心も体も熱く焼かれていると、先生の切々としたお声がひときわ大きくなりました。

「宇宙の神様、今の地球を見れば、もう地球はどうしようもない、どうなっても仕方がないと言いたくなります。しかし地球には、まだ真心を持った者たちもおります。今日はどうかここにいる者たちの心を見て下さい。これまで私の周りにはたくさんの者たちが寄って来てはまたすぐ去って行きました。欲のある者は近づくことができませんでした。どれほどの人たちが流れ去って行ったことでしょう。その中でやっとこれだけ残りました。どうぞ彼らの心を見て、これから地球を残すかどうかを決めて下さい。私は彼らの心に委ねたいと思います。この者たちは、私の心に叶う者でございます」

先生のあまりのお言葉に驚き、私の心にどっと涙が押し寄せてきました。こんなにまで先生は私たちのことを思っていて下さったんだ。まだまだ一人前の真人《まことびと》にはほど遠いであろうに、先生はそんな私たちの心に、ご自身のすべてをかけられたのです。いつも激しいばかりに叱って下さる厳しさの下には、こんなにも深いお心があったのだと感動で心が揺さぶられました。同時に、宇宙の神様の前に心を晒《さら》される十六名の責任の計り知れなさを思い、どうぞ責任を果たさせて下さいと祈らずにはいられませんでした。

神のご降臨と虹の神殿

宇宙の神様は、創造神のお使いの神様を地球に送ることをお許し下さったようです。お使いの神様とはいえ、宇宙の高い次元の神様が地球に降りて下さるなど、地球史上始まって以来のことだそうです。宇宙からこの神様をお迎えするための神殿として、「虹の館」が準備されていたのでした。

祈りの中で先生は大きく体を動かし腕を回して、気合いとともにご神体の像に神様の御《み》霊《たま》を入魂しました。これでご神体の像は、生きたご神体となりました。先生は、「ここはとても暑くて長時間いることができないので、虹の館にご神体をお運びした後、ゆっくりと話させていただきたい」と神様に話されました。そして祝詞《のりと》を捧げ、最後にピラミッドに来られていた宇宙の神を宇宙へお返しになり、お祈りは終わりました。

宇宙の神様をピラミッドにお呼びしたり、創造神のお使いの神様をお迎えしたりと、想像もしていなかったような強烈な体験でした。立会人として、しっかりこの時を心に焼き付けておかねばと思いました。

*

お祈りが終わると今度はご神体を「虹の館」に運んで、ご鎮座していただかねばなりません。あらかじめ用意してあった小さなお御輿《みこし》のような木の枠組みにご神体を乗せて、力自慢の男性たちが、ピラミッドを降りて行きました。ピラミッドの下に待たせてあった車に乗り込んで「虹の館」に向かいながら先生がおっしゃいました。

「これがもともとのお神輿の始まりだと思うよ。山の上の奥宮から人の住んでいる集落の里宮までお御輿で神様を運ぶんだ。お祭りの時にはそうやって、一年のうちの何度かは、神様が人里に降りて来るんだよ。今はそういったことも少なくなってきているんだろうね」

山道を下って「虹の館」に着くと、男性たちはあらかじめ準備してあったロープと滑車を用いて、館の中央の柱の天井に近いところにご神体を据え付けました。据え付けた位置がこれでいいかどうかEさんが霊視して確かめた後、先生がご神体の払い清めをなさいました。この時点で、本当に神様がここにご鎮座され、創造神の宇宙の光がこの地に降ろされたのです。創造神の光が地球に降ろされた初めての場所、原点。今ここから、地球復活の物語、新しいエデンの園の物語が始まってゆくのだと思われました。

これから「虹の館」には、許された者しか入ることはできません。邪《よこしま》な人間の欲望でこの地を汚さないためです。先生が、「少し休息してから、皆で〈虹の館〉に入って、神様からのメッセージを聞くことにしよう」とおっしゃった時、りんと背筋が伸び、身も心も引き締まる思いでした。そして、先生の奥様やご家族、陰になって先生を支えて下さっている尊い方々を想い、頭を垂れずにはいられませんでした。そういった謙虚な方々は、このような場に立つことさえ、ご遠慮なさるからです。

神々のメッセージ

午後三時、先生とわれわれ十六名は「虹の館」に入らせていただきました。今や「虹の館」は創造神から発せられる光が降臨されて、「虹の神殿」となりました。

皆、緊張の面持ちで入り口で合掌し、先生の指示して下さるところに腰を下ろしました。いよいよEさんを通じて神様からメッセージをいただきます。最初に出て来られたのは、アマテラス様でした。神々様を代表されて、S先生に心よりの感謝のお言葉がありました。ここが創造神様と直結している場所だからでしょうか。神々様たちでさえ、中に入られるのをご遠慮なさっておられるようです。先生がどうぞと招き入れて、やっとお入りになられます。神々様の中でも格段に高貴なお心をお持ちだという海玉伊《ミタマイ》志命《シノミコト》様さえ、初めは中に入るのを遠慮なさっておられました。先生がお言葉を賜わりたいとおっしゃいますと、とても控えめなご様子で、先生に感謝と労いのお言葉を申されました。

今日は神々様ばかりでなく、お坊様方も遠慮なさっておられるようです。先生が空海様をご指名されると、やっと出て来て下さいました。空海様は先生に感謝を述べられるとともに、虹の神殿の建設に心魂を打ち込んだ作業班に労いの言葉を掛けて下さいました。スタッフの熱い真心と献身的な働きぶりは、神々様や聖人様たちのお心に届いていたのです。私たちは感激のあまり涙が込み上げてきました。

私は座っていて、とても懐かしいようなたいへん安らいだ心持ちが深いところから湧き上がってくるのを感じました。創造神のエネルギーというのは、こんなにも温かで柔らかいものなのでしょうか。地球上の皆がこんな心持ちになれれば戦争なんて起こらないのにと思いました。すべての大本《おおもと》である創造神の愛の波動が、ここから光となって世界中に広がってゆくことを願いました。

この日の出来事は、参加させていただいた一人ひとりの心に、深い感銘と未来への希望、そして新しい地球に向かって強く生き抜いてゆこうという意志を与えて下さったように思います。私自身、未熟な自分の現実を抱えながらも、弱さや愚かさに押し潰されることなく、創造神様が意図されるように、地球が宇宙のオアシスとなるよう働かせていただきたいと思いました。「虹の神殿」の中で感じたあの柔らかで温かな愛の波動を思い出すと、確かに地球は幸せな平和な愛の園になってゆくだろうと信じられるような気がします。そのために、私たち一人ひとりがどう動いてゆけばいいのか、神様の御心を想いながら歩みたく思いました。

数日後、十六名のうちの一人、Aさんが次のようなFAXを仲間たちに送ってくれました。八月十五日に参加できなかった方たちとも感動を分かち合うためです。

八月十五日午後三時、虹の神殿（または館）に創造神様が降臨して下さいました。もちろん地球史上初めてです。そして宇宙でも開闢《かいびゃく》以来の慶事かと想います。創造神様は、S先生の無私の行に心を動かされました。本配り以来十六年以上の歳月が流れました。その間、何百回もの孤独な旅、何万回もの祈りがありました。何かを得ようとするどころか、特に最近では、自らの身体や生命さえ捨て切っての、何十万キロメートルにも及ぶ旅と祈りがありました。宇宙の五柱の旅でした。「ありがとう」の言葉を期待しての行ではありません。期待するどころか、捨て身です。皆さん、S先生にとって「捨て身」が何を意味するかお分かりでしょうか。自らの身体や生命だけでなく、先生が何よりも愛する「家族」さえも捧げたのです。それも地球と人類のためにです。ただただ子どもたちのためにとの切なる「想い」が、世界平和のためそして地球のための「想い」へと発展してゆきました。それら諸々が発する「想い」に答えるために、自らと家庭とを犠牲にしての長い長い壮絶な行なのでした。その捨て身の行が、創造神様の「想い」をも動かしたのです。もちろん人類の安全を保障するものではありませんが、これから私たちはこの地球上で創造神様と共に暮らせるのです！これ以上の愛があるでしょうか。この神殿は大災害を抑えるものではありません。しかし、創造神様はどこまで私たちに寛大なのでしょうか。それは並み居る神々様にとっても本当に驚異的なできごとなのでした。全て、S先生のお陰です。S先生のこれまでの祈りは全て、この日のために行われたといっても過言ではないでしょう。S先生の半生の総決算ともいえるものでした。当日、神々様の労いと感謝の言葉が次から次へとS先生に発せられました。それを聞いた私たちもわがことのように嬉しく思いました。S先生、長期間、本当に本当にご苦労さまでした。私たちの足りない知恵をいくら総動員しても、適当な感謝の言葉がとても見つかりません。ただ頭を垂れて合掌するばかりです。

神々様の労いの言葉は、虹の館建設のために私生活を犠牲にしてまでも献身的に働きに働いた、沖縄の皆様にも向けられました。それをうかがい、「さすが神様！」と私たちまでもとても嬉しく感じました。関係者の皆様に心から感謝させていただきます。炎天下、汗まみれになりながら、それも度々深夜までひたすら身を紛にして働かれた皆様の尊いお姿を私たちは決して忘れません。

これを読ませていただきながら私は涙が込み上げてきました。Aさんが書いたというより、神様からのお言葉のように思えたからです。S先生も、「Aさんは八月十五日で次元が上がったねえ。書く文章の質が変わったさ。知識の羅列でなく、人の心を感動させる文章を書くようになった」と喜んでおられました。

清めの祈りを終えて

国連清めの祈りを終えてホテルに戻ると、Ｓ先生とＥさんは、ふたたび神様との対話に入られました。

お二人とも、お体も気も休めるいとまもなくて、本当に頭が下がります。

お昼前に戻ってきたＥさんは、いつもより神妙な面持ちで話してくれました。

「今朝のお祈りは成功だったようです。今日は先生と創造神が話されました。創造神が出てこられるなどめったにないことで詳しい内容は話せませんが、神様の世界は厳しいなあと実感しました。

今、古い地球と二十一世紀の新しい地球があるとしましょう。新しい地球には、新しい地球にふさわしい人間の種を残さねばなりません。それが〈マコトビト〉です。新しい地球にはどんな人間がふさわしいのでしょう。私たちは厳しく自分を見つめ直さねばならないでしょう……」

突然、どしゃぶりの雨になりました。朝は曇りだったのに、先生のお祈りが通じて清めの雨となったのでしょうか。激しい雨があたりを清めて、さっと通り過ぎてゆきました。

しめやかな儀式

いよいよ「ミレニアム世界平和サミット」の開幕です。広々とした本会議場には、何千人という人たちがそれぞれの法衣や民族衣装で正装して集まっていました。二〇〇〇年八月二十八日午後四時四十四分、予定よりも約一時間遅れで始まりました。うれしいことに、それは和太鼓の音で幕開けとなりました。舞台中央に大太鼓が据えられ、中太鼓が左右に分かれて並んでいます。十名ほどの日本男児がきりりと勇壮に太鼓を打ち鳴らします。史上初のこの記念すべきサミットを祝って、日《ひ》の本《もと》の魂がりりしく躍動しているようでした。いろいろな反対や困難を乗り越えて集まって来られたであろう人びとを激励し、二十一世紀を共に拓こうと鼓舞するような響きです。Eさんによると、このとき背中に聖《しょう》観音様を乗せた龍体が現われ、上へ下へとうねっていたということです。

主催者側の歓迎のスピーチの後、ヒンズー教、仏教、ユダヤ教、イスラム教、キリスト教、神道、ジャイナ教、ゾロアスター教、伝統的なアフリカの宗教、伝統的な朝鮮の宗教、道教、ネイティブアメリカン、シーク教、その他、私が今まで聞いたことのないような宗教の最高指導者たちが次々にお祈りをされてゆきました。

プログラムでは六時四十五分に終わる予定でしたが、チベットの聖なる音楽の演奏で閉幕した時には、もう夜の八時半になっていました。すでに日本代表団のメンバーのほとんどがホテルに帰った後でした。私たちのグループ数名だけがプログラムの最後まで見届けたのでした。

さらにここからが、私たちにとって、また今回のサミットや国連にとって、さらには地球全体にとって大きな山場を迎えるのです。

今日のプログラムがすべて終わって、会場に最後まで残っていた人びとが立ち上がって帰りはじめたざわめきの中で、今まで会場の後方に座ってすべてを見ておられたS先生も立ち上がりました。そして会場のいちばん後ろに立って前方を眺め、少し会場を行ったり来りした後、急に足早に前方の舞台の方へと降りて行かれました。そして舞台の上にある演台に近づいて、両腕を伸ばし、演台の中央に付いている国連のマークを両手でつかんだかと思うと、「えいっ、えいっ、えいっ!」と気合いもろとも、光をお入れになりました。そして会場のほぼ中央まで引き返して祝詞をお唱えになり、お祈りされました。人びとは皆、帰り支度でざわめいていたせいでしょう。S先生の思いもかけない大胆な行動と、涙を溢れさせんばかりのしめやかな祈りに誰も気づいた人はいないようでした。もしも目に止まっていたにしても、先生の動きがあまりにも自然で落ち着いていたために見とがめることはなかったのでしょう。私もあとになって、「ああ、先生は昨夜ホピの長老から託された石板とご自身の意思を重ね合わせて、親神様の宇宙の光とともに国連のマークのところにお入れになったのだな」と気づいたのです。

神に仕える者の心根

お祈りの後は、係の人の誘導のまま素早く外に出ました。S先生が大きなお仕事を成就なさったせいでしょうか、皆、少々興奮気味です。

和気あいあいと楽しい食事をさせていただいた後、七五二号室に集まることになりました。せっかくニューヨークまで来て、同じ屋根の下にいるのだからと、お疲れのはずの先生が私たちを気づかって下さっているのです。

皆が部屋に集まると、「今日のことを、神様にお聞きしてみよう」と先生がおっしゃいました。Eさんが居住《いずま》いをただすと、アマテラス様が出て来られて、先生に厚くお礼を申されました。次はスサノオ様で、今日の太鼓は自分の魂の姿である、晴れの日の大役をいただき、たいへんありがたく、力一杯働かせていただきました、と感謝の意を述べられました。あの勇壮な太鼓は、なるほどスサノオ様だったのかと、一同はうなずきました。

次に、「お釈迦様が来られているのではないかな」と先生が尋ねると、果たして、お釈迦様が出て来られました。

《神に仕える者の心根はいかにあるべきか。形式ばかりではだめである。ただ顔を出せばいいというような参加の仕方は嘆かわしい。
地球を光の園にしていただきたい。神から与えられた最高の魂として、生きられることを望む》
何と奥深いお言葉でしょうか。恐ろしいくらいに真実のお言葉――。魂の奥までこのお言葉に託されたお心をいただいて、懸命に生きたいと思いました。

第3章　宇宙の光

地球と人類の運命

八月二十九日、昨日の興奮を心に残しながら、朝七時に私たちは朝食に集まりました。丸いテーブルを囲んで向かい合うと、S先生がしみじみとおっしゃいました。

「みんな、昨日は何千年に一度の大仕事をやったね」

仕事を成就された後の充実感と安堵が伝わってくるようです。こんなにゆったりとされたご様子を見るのは本当に久しぶりです。国連の会議場の演台の国連マークに親神様の宇宙の光を入れ、おまけにホピの石板の「意思」まで同時に入れてこられたのです。もちろん宇宙の光もホピの石板も、私のような普通の人間には見えないものです。しかし神様の世界を霊視することのできるEさんのような方は、S先生の凄さやお祈りの結果が手にとるように明らかなのです。日本にいながら先生のご様子を透視しているであろう方々の心には、どんな映像が映っていることでしょうか。

先生はおっしゃいました。

「国連の真ん中に宇宙の光が入ったから、これから国連で話し合われることもいい方向にいくんじゃないのかね。悪いことを考えていても、つい良いことを言ってしまったりね」

これは後日談ですが、本当にそんなことが起こってしまったのです。

二〇〇〇年九月十日の新聞で、九月六日から八日までニューヨークの国連本部で開かれた「国連ミレニアム・サミット」に関する記事が報道されていました。それによると、サミット出席者による六日の昼食会の際に、キューバのカストロ議長とクリントン米大統領が狭い通路で鉢合わせして、握手してしまったというのです。キューバ、米両国首脳が握手したのは一九五九年のキューバ革命後初めてだそうです。クリントン大統領は八日、「出席者と談笑し、振り向いたら彼が立っていた」と説明し、カストロ議長は声明で、テーブル脇の狭いスペースを通っていた際に遭遇、「二人とも避けることができなかった。（避けることは）お互いに恥ずべき臆病な行為だった」と説明したそうです。本人たちでさえ予測できなかったこの珍事、どこかで神様が笑っていらっしゃるようではありませんか。

続けて先生がおっしゃいました。

「ともあれ、これから地球は良い方向に進むんじゃないかね。ただし、だからといって人類が救われるわけじゃないよ。地球は救われるにしても、人類の運命は人類自身のあり方で決まってくるのさ。創造神が〈人類を救おう〉と思うほど、親の心を動かせる子どもがいるかどうかさ。創造神はわれわれの親のような存在だからね」

私は背筋が伸びて、身が引き締まるのを覚えました。

さあ、今日は「ミレニアム世界平和サミット」二日目です。日本代表団は朝食後、八時三十分にバスでホテルを出発しました。

隣人を愛するということ

昨日より少しゆるやかになった入り口のチェックを終えて本会議場に入ると、空いている席もまだ十分あって、私たち友人グループは二列に並んで固まって座ることができました。

今朝は、国連事務総長コフィ・アナン氏がスピーチされるというのでとても楽しみです。今日はこれから一日中、時々お祈りを交えながら、各宗教の最高指導者たちによるスピーチが続けられる予定です。

九時半になると、今日はアフリカンドラムで幕開けとなりました。伝統的なアフリカの太鼓だそうで、「平和」を意味する「アシェ」という言葉を皆で唱和しながらの演奏です。

途中からはカラフルな衣装を身にまとった女性ダンサーたちが登場し、腰を屈め、農具で大地を耕すような恰好や、作物を収穫するようなエネルギッシュな身振りで、大地に生きる人間の力強い喜びを沸き立たせてくれました。さすがに人類発祥の地といわれるアフリカの音楽です。私たちは違和感もなく、いま教えられたばかりの「アシェ」という言葉を繰り返し唱和しながら、会場の人びとの心が一つになっていくのを感じました。ミュージシャンの一人が「愛がもっとも大切です」と言った時、私は胸がじーんと熱くなって、地球をみんなの心で温めているように感じました。

次にイスラム教の聖者による祝福の後、このサミットの事務局長であるバワ・ジャイン氏が壇上に立ちました。

「私は世界平和実現のために、精神的・宗教的指導者の役割が極めて重要だと思っています。二十世紀は戦争の世紀だと言われていますが、もうこれを繰り返してはなりません。地球に対して、精神的・宗教的指導者たちの英知と指導力、そして影響力が大変有効なので、このサミットが実現されたのではないでしょうか。

これだけ多くの地域や文化や共同体の代表者の参加をいただくのは初めてであり、このサミットの実現はこれからの国連のあり方を変えてゆくことでしょう。すなわち政治的なサミットではなく、精神的・宗教的な視点から、話し合いがもたれるのです。われわれは心を一つにして、何ができるかを考えていかねばなりません。

宗教は様々な問題に癒しを与えてくれるでしょう。今、世界人口の半数、約三十億の人びとが貧困に喘《あえ》いでいます。また大量破壊兵器の問題においても、精神的・宗教的指導者たちが力を発揮していくべきだと思います。環境問題に対するコミットメントも重要で、国連と精神的・宗教的指導者たちが連帯し、環境の保護と回復を目指し、母なる地球の蘇生のために行動してゆきましょう。また紛争においても多くの癒しが必要でしょう。

われわれは約二年前にこのサミットの構想を持ちましたが、その時には本当にこのようなことが実現できると誰が思えたでしょう。このサミットの実現は、コフィ・アナン国連事務総長の存在なくしてはあり得ませんでした。彼のリーダーシップと実行力に感謝申したい」

皆の熱い拍手を受けて、コフィ・アナン国連事務総長が登場しました。

「今の世界の情勢を見るにつけ、どうして人びとはこんなにも他者に対して残虐になれるのか、どうして人類は地球に対してこんなにも残酷に悪影響を与え続けられるのだろうと思わずにはいられません。二十世紀が戦争の世紀だったとしても、世界人権宣言にあるように、二十一世紀には偏見や不寛容があってはならないと思います。

慈悲深く寛容に隣人を愛するということはすべての宗教に共通する姿勢であり、だからこそ困難な時、宗教はわれわれに慰めを与え、家族や共同体を一つにまとめて力づけてくれます。絶望の中に希望を与え、意味のないものに意味を与えることができるゆえに、〈宗教は光だ〉ということもできるでしょう。また、〈われわれは祈るゆえに存在する〉と人間を定義づけることもできるのではないでしょうか。

今回のように、これだけ多くの共同体や多くの文化から精神的・宗教的指導者が集まることは、かつてなかったことです。心を一つにして地球の平和の実現のために働いていこうではありませんか。

かつてネール首相はロバート・フロストの言葉を引用して次のように語りました。〈森林は深く美しいけれど、そこに至るまでにはまだまだ歩かねばならない。われわれのため、子孫のために、二倍の努力をする意志があるかどうか――〉

八日後に行われる首脳会議に先立って、精神的・宗教的指導者のこのような平和会議が、この同じ国連本部で開催されることをたいへん意義深く感じています」

アナン事務総長のお話をうかがいながら、また皆が心を一つにして、地球を温めているように感じました。色とりどりに法衣をまとって正装した会場いっぱいの精神的指導者たちは、どのように感じていることでしょう。彼らと国連の連帯を可能にした事務総長に心から拍手を送りました。

心の癒しと寛容の心

アナン氏のスピーチが終わると、いよいよ各宗教指導者たちによるスピーチが始まります。今日は四つの大きなテーマについて、順番に話される予定です。一つ目のテーマは、「対話への呼びかけ」。最初のスピーカーは、ヨハネ・パウロ二世の代理、フランシス大司教です。

「人の心は憎しみや復讐に満ちています。貧困の問題においても、貧困によって人びとの心に怒りが蓄積し、紛争の原因になっていきます。こうした状況下にあっては、紛争のテクニカルな解決よりも、まず荒《すさ》んだ心の癒しが必要です。人びとの心を憎しみや復讐から愛と平和への渇望に変えるには、荒んだ心の癒しと寛容の心が必要です。寛容の心がなければ、人びとの団結はあり得ないでしょう……」

次にイスラム教の最高指導者、その後ユダヤ教の最高指導者、イスラエルのチーフ・ラビが登場しました。

「皆さんは、ノアの箱舟の話をご存知でしょう。われわれは今、地球というノアの箱舟に乗っています。われわれの敵は貧困や暴力や数々の病気であって、私たちお互い同士ではないことを認識せねばなりません。われわれは同じ船に乗っている仲間なのです。協力し合うのが当然ではありませんか。

確かにわれわれは多くの問題を抱えていますが、もうお互いにいがみ合うのをやめて、手を携えていこうではありませんか。そして地球には、人間以外のたくさんの命があることを思い出そうではありませんか。

創造主が一週間でこの世を創られた時、木や草や花は三日目に創られました。われわれ人間はやっと六日目に創られました。木や草や花は言うのではないでしょうか――〈六日目に創られた人間たちが、先輩である私たちにずいぶんな狼藉をしてくれるではないか〉と。

私たちはもっと謙虚になって、人間以外の命に対しても寛容であらねばならないでしょう」

次に日本から、伊勢神宮の久邇邦昭大宮司（現在、神社本庁統理）が演壇に立たれました。

「日本では誠実さと清らかさが尊ばれ、自分の必要とする以上のものを求めない〈足るを知る〉心が大切にされています。神道の考えでは、地球上のすべてに神が宿り、お互いは親子や兄弟姉妹のようなものだとされています」と日本の心と精神を紹介されました。

この後、お祈りや何人かのスピーチのあとで、国連平和大学の学長であり、今回のミレニアム・サミットの国際諮問委員会の議長でもあるモーリス・ストロング氏がスピーチしました。

「平和はもはや希望すべきものではありません。地球が皆にとってもっと安全な場所となるように、われわれは何をなすべきか、何をしてはいけないのか、はっきりと認識すべきです。われわれは将来に対する意見と態度を明らかにし、そのように行動すべきなのです。

今回、われわれが明確なヴィジョンを持って行動したからこそ、テッド・ターナー氏というスポンサーが現われ、この平和サミットが実現されたのだと思います。そして、われわれが神から与えられた重要なものが祈りだと思います」

この言葉を聞いて私は驚きました。国連のスタッフとして、様々な社会問題解決のために奔走しておられるであろう方が、「われわれが神から与えられた重要なものは祈りだ」と断言されたことです。宗教家でもない人が、祈りをこんなにも重要視している――。現実問題の中で悪戦苦闘しているからこそ、人間だけの力ではどうにもならぬ壁をいくつも経験し、そのたびに祈り、奇跡的に難所を切り抜けてこられたのかもしれません。国連の仕事の壮絶さを垣間見たような気がしました。

次に登場したのは、今回のサミットの名誉会長であり、スポンサーでもあるテッド・ターナー氏です。彼の陽気でユーモアに溢れたスピーチは、会場の人びとを魅了しました。

「僕は子どもの頃学校で、キリスト教徒は皆天国へ行けるのだと教えられました。そのとき僕は、じゃあキリスト教徒じゃない人たちは天国へ行けないの？　そんなの嫌だなと思いました。

私たちの社会で、人種差別や民族紛争が今もって深刻な問題ですが、肌や目や髪の毛の色の違いが、それほど重要なことなのでしょうか。

北極海には白熊が住んでいます。その南には月の輪熊が住んでいるし、また別のところには黒い熊が住んでいます。白熊は黒い熊との違いをそんなに気にしているでしょうか。われわれ人間だけが、どうして表面上の違いにこんなに血眼《ちまなこ》になるのでしょうか——」

熊と人間の内面を比べたところで、会場は大爆笑となりました。われわれが血眼になってこだわっていることも、視点を変えてみれば何ということのないものなのだと、ターナー氏のユーモアは教えてくれました。おおらかで少年のような心が、こわばった観念の扉を開け放ってくれたように感じました。宗教家でなくとも、いえむしろ現実社会で鍛え抜かれたビジネスマンだからこそ、人びとを楽しませながらこんなにも説得力のあるお話ができるのでしょう。

会場を笑いの渦で温めたスピーチで、午前の部が終わり私たちは、国連本部一階にある食堂へと向かいました。

平和の鐘の祈り

食事を終えると、いよいよ大きな仕事が待っています。私たちは屋外に出て、国連本部の中庭にある「平和の鐘」に急ぎました。

世界平和の願いを込めて世界中のコインを溶かして造られたという鐘は、日本風の屋根がついた鐘楼に据えられ、日本文化の端正な美をその静けさの中に湛《たた》えていました。

私たちはやっと「平和の鐘」まで来られたのだという感動を味わっていました。今回の旅の目的の一つがこの鐘だったからです。

世界中に「平和の鐘」が三つあるそうです。一つは北海道、もう一つは沖縄の石垣島、そして国連本部です。今年、二〇〇〇年七月十五日、石垣島のMさんは「炎の祭典、石垣島から平和の灯を」という大きな催しをされました。二〇〇〇年にちなんで二〇〇〇個の手作りのキャンドルに平和の願いが込められ、灯されました。それが世界や地球にとってどんなに大きな意味を持つものであるか、初めは実行委員長のMさん自身、自覚がなかったそうです。しかしS先生とお話をして、日本の最南端の八重山諸島の石垣島で平和の祈りをすることの重大さに気づかされました。それからMさんは北海道に飛び、平和の鐘の建つ場所でS先生とお祈りをしました。日本の最北端での祈りです。

そしてMさんは石垣島と北海道の二カ所のお水を携えてここまでやって来ました。国連本部の「平和の鐘」にお水を差し上げ、他の二つの鐘とつなぐためです。

私たちは手早く仕事を遂行しなければならないと感じました。ランチタイムはそう長くありませんし、不慣れな土地で、いつストップが入るか分かりません。先生は「平和の鐘」の前に立たれると、沖縄の聖地から持って来たお水を捧げ、お祈りに入られました。

国連本部のすぐそばに「平和の鐘」が建っていますから、ガラス張りの建物から手にとるように私たちの様子を見ることができます。ちょうど二階と三階の私たちを見下ろす場所に、人だかりがしはじめているようでした。

先生のお祈りが終わると、次にMさんが二つのお水を捧げて祈られました。涙を浮かべて祈られる後ろ姿に、思わず手が合わさりました。Mさんの歩んで来られた人生の様々な出来事は、偶然の連続のようであって実はしっかりと今日のこの使命の成就へとつながっていたのでしょう。いろいろな苦労をしながら、ごく普通の女性として生きてこられたMさんが、世界に平和をもたらす祈りの使者だったとは――。その使命を果たされるために、大変なご苦労と経験を重ねて来られたのでしょう。

Mさんのお祈りが終わると、先生は私たちにも順番にお祈りするよう促して下さいました。そして各人、三つずつ鐘をつくようにとのことです。一つ目は自分と家族のため、二つ目は日本のため、三つ目は世界のためです。いかにも先生らしいお心づかいです。

私の順番になり、しずしずと「平和の鐘」の前に立たせていただきました。またしても先生の恩恵によって、このような重要な場所に立たせていただいているのだと実感しました。ニューヨークに来て以来、その思いはますます強くなっています。

自分は分不相応にも先生のお心の広さに甘えて、のこのこついて来ているだけの大ばか者ではないだろうか。今お役に立てるものが見つからないというのも、これまで自分が真剣に生きてこなかったせいではなかろうか。

自分はこれまで本当に誰かのお役に立ちたいと願ってきただろうか。人様のために心を砕いてきただろうか。いいえ、ただ心の赴《おもむ》くまま、飛びたいように飛び、歌いたいように歌ってきただけなのではなかろうか――。

心に自分のエゴがどっかりと腰を据えていては、神様に使っていただけないということに、やっと最近気づかされました。エゴが小さくならないと、心に神様に入っていただくスペースがありません。神様が入りやすい器となること、神様が使いやすい道具となること。そういう器や道具として自分を造ってくれるのが、人生の中での経験であり苦労なのだと実感しはじめました。

「生半可な心がけではだめだぞ、芯から、心根から洗い直さなければ……」

「平和の鐘」に向かい合うと、「地球絶対平和萬歳」と刻まれていました。この鐘を造られた方々の悲願がひしひしと伝わってきます。私はなぜか涙が溢れてきました。今日、先生のお祈りによって、この鐘に親神様の宇宙の光が入りました。鐘が造られてどれくらいの年月が経ったかは分かりませんが、私には今日いよいよこの鐘に真の命が吹き込まれたように感じられました。宇宙の光をいただいた「平和の鐘」は、今までの何千倍、何万倍もの働きを果たしてゆくことでしょう。
私の心に言葉が溢れてきました。

いのちは苦しみ、痛み、悲しみに満ちている。
祈りと愛で　光に変わる。
苦しみの世界を　愛と祈りによって
光の世界に成しゆきなさい。
愛によって、
意味のないものが　意味あるものに成るのである。

私は感動に打たれ、しばらく涙を抑えることができませんでした。愛と祈りによって世界を光に変えること、これこそ先生がこの十数年間、やり続けてこられたことです。師を見てそのように歩みなさいという「平和の鐘」からのメッセージのように思えました。

宗教の役割と恩恵

午後のテーマは、「紛争を転換させるための宗教の役割」「許しと和解に向けて」「貧困の終焉と環境の蘇生」についてです。

「平和の鐘」の祈りを終え、国連の内部を少し見学してから本会議場に戻ると、午後の三人目のスピーカーである天台座主《ざす》様が壇上におられました。二人の僧侶に支えられ車椅子に座っておられます。八十歳を越えるようなご高齢で、はるばる来られるとは、余程の気骨の持ち主でいらっしゃるのでしょう。座主様は、最澄伝教大師の「己を忘れて他を利するは慈悲の極みなり」という教えをご紹介されました。

次に日本で「アマチ」の呼び名で親しまれているヒンズー教の指導者の登場です。日本の熱心な信者さんたちに「聖母」と崇められている方で、エネルギッシュにスピーチしておられました。

何人かのスピーチの後、ビルマ（ミャンマー）の仏教教師が登場しました。

「宗教は連帯、団結して初めて宗教であることができるのではないでしょうか。人間の残酷さをいかに慈悲へと変容させられるか――。その答えを自分の中に見つけることができたら、この世の多くの問題を解決することができるでしょう。

われわれは何にもまして自分自身を見つめ直す必要があります。そうして全能の神を自分の中に見つけた時、自分自身が自分の怒りの最終の犠牲者なのだと知るでしょう。

自分がネガティブ（否定的な思考）になっている時、自分自身を惨めに感じ、苦悩が始まります。そして相手をも惨めにしてしまいます。自分自身がまずネガティブなものから解き放たれるべきであり、自分の内面を不純な心から純粋な心へと変容させるべきです。純粋であれば平安が訪れるでしょう。これは二千五百年前のメッセージです」

その後、イラン・イスラム教指導者であるホメイニ師のメッセージが伝えられ、次に、マハトマ・ガンジーの孫娘であり、南アフリカの国会議員であるイラ・ガンジーも演壇に立たれました。

「この世紀、今までの百年間は不寛容の世紀であり、戦争の世紀でした。いま必要とされているのは、より良い人間の質です。私たちに求められているのは、より良い人間となることです」

それから、霊長類学者のジェーン・グドールが次のように述べました。

「私が幼い頃、母が言いました。〈世界を見てごらんなさい。いろいろな宗教を見てごらん。神は一つだということが分かるでしょう〉。どうか貧しい人たちや動物たちに心を向けて下さいますように……」

歌と音楽の演奏が会場を魅了した後、チベット僧により、ダライラマ十四世の言葉が伝えられました。

「宗教の目的は、平和をつくることだと思います。……私は皆を家族のように愛しています」

私はじーんと胸を打たれました。祖国チベットを追われ、インドに亡命を余儀なくされているダライ・ラマ十四世。今回のサミットへの彼の参加も、ある大国の妨害にあって叶わなかったといいます。それでもすべてを「家族のように愛している」とおっしゃるのでしょうか――。皮肉や強がりではないでしょう。十四世がいかにこの現実を乗り越えていかれるのか、世界中が見守っていることでしょう。

朝から続いたお祈りとスピーチはそれぞれ白熱し、強く心に響いてくるものでした。

気がつくと、もう夜の八時半。参加者のほとんどが高齢者ということもあり、この時間になると会議場に残っている人びとも少なくなっていましたが、会場には依然として熱気と大きなエネルギーが流れているように感じられました。

自然からのメッセンジャーたち

いよいよ最後のスピーカーです。まばらになった会場のそこここから、色とりどりの衣装を身に着けた人びとが三々五々、舞台に集まってきました。会場がいかにも聖職者という方々で溢れている中、彼ら少数民族の人たちは、「あれ、何かアトラクションに参加する芸人さんかな」と思うほど、現代の生活ではお目にかかれないような特別ないでたちでした。鳥の羽根や獣の皮をまとった彼らは孤独で厳しい表情をし、濃密な存在感を発していました。この二日間の会議中、それぞれの場所に散らばっていた各少数民族の人たちが、いま国連での最後のスピーカーとして一つになり、全世界にメッセージを伝えようと舞台に上がってきました。舞台いっぱいに居並んだ総勢五十人ほどを代表して、ネイティブアメリカンの男性が中央に進み出ました。

「私の名はチーフ・ライオン。インディアンの様々な部族の代表としてここに来ました。また、この舞台にいる人びとはいろいろな民族の代表者であり、世界の先住民の代表であります。ソ連から、南アメリカから、中南米から、グリーンランドからメッセージを持ってやって来ました。

私たちはやっと生き残ってきました。地球上で多くの動物が殺戮され、数々の種が絶滅してゆきましたが、われわれの祖先も多くの災難に見舞われ絶滅の危機に瀕しました。大きな苦しみの中でようやく民族の種を残し、少数ではありますが生き残ることができました。私たちは皆さんに自然からのメッセージを伝えにこの場に立っています。自然からのメッセージとはつまり、いま地球に起こっている事実をお伝えすることです。

先日、グリーンランドから先住民のメッセンジャーがやって来ました。彼は極北の様子を次のように伝えてくれました。

〈百十五年前には氷山に閉ざされていた場所が、十五年前には多少の水分が流れ出るようになっていた。それが今や川のように流れ出している――〉

みなさん、この事実の恐ろしさをお分かりでしょうか。もう人間の力ではどうしようもないところまで地球の崩壊は始まっているのです。もはや人間の力が及ばないからこそ、これから真の神の力が出てくることでしょう。

私たちは地球の資源を尊重し、天地の創造の法則に則《のっと》って生きねばなりません。これらは宇宙の根源の力、元の力、種の力です。

地球は人間のみのものではありません。人類と自然界の間には和解が必要です。私たちは和解し、平等に生きねばなりません。森林と人との間、企業と資源との間にも和解が必要です」

力強く語るチーフ・ライオンと居並ぶ先住民の代表者たちが、地球のすべての命たちの代表に見えてきました。彼らこそ自然の神が遣わされたメッセンジャーなのです。

今まで舞台に立たれた方々が、人と神とを結ぶ人類の指導者たちだとすれば、最後に登場したこの数少ない先住民の方々は、自然と人間の切れかけた命の絆を結び直そうとする尊い方々に思えました。

チーフ・ライオンがスピーチを終えると、感動の熱い拍手が会場一杯に湧き起こりました。舞台を降りて席に戻ったそれぞれの先住民の代表者たちに、歩み寄って握手を求める人びとが続きました。

かつては新大陸を発見し、現地に住む平和な人びとを未開の民として蔑み、力ずくでもキリスト教に改宗させようとした人びとの末裔が、いま自ら歩み寄って、その未開だと思われていた民の末裔に共感と尊敬の握手を求めているのです。何と美しく感動的な光景でしょう。

会場が感動に包まれる中、一人の男性が会場を突っ切って舞台へと駆け登りました。きっと飛び入りでお話しするつもりなのでしょう。彼もまた頭と体に鳥の羽根をまとって、ネイティブアメリカンのようでした。熱を帯びて彼は話しはじめました。

「私は先住民代表のリーディング・アースマンという者です。私は今日、子どもたちの代表としてこの場で語りたいと思います。なぜなら、きのう私の夢に世界中の民族衣装を身に着けた子どもたちが出てきて、私の方に駆け寄って〈僕たちを代表してメッセージを伝えてほしい〉と言われたからです。

私はインディアンであり、この地球の平和をつくるリーダーとして生まれました。赤い人として地球を守る精神を持ち、ここで話をさせていただく機会を与えられたことに感謝します。

皆さんもご承知の通り、わが民族は数々の苦難を体験してきました。大きな苦しみの中で、いやがおうでも謙虚にならざるを得なかった状況に感謝します。なぜなら、謙虚にならなければ救われることはできないからです。

これからは子どもたちに真実を伝えていきましょう。まず、天地創造神の存在を教えましょう。そのような高い次元の教育ができる環境を整えていこうではありませんか。われわれは霊的次元の高い人間として生きることを許されています。われわれは犠牲を払っても、子どもたちのためにそう生きなければなりません」

誓いのサミット

大きな拍手でリーディング・アースマンのスピーチが終わると、いよいよ会議を締めくくる司会者のスピーチが始まりました。今回のサミットの事務局長であるバワ・ジャイン氏です。彼はサミット前に次のようなメッセージを送って下さってました。

「国連平和、宗教・精神指導者サミット」主旨

一九九〇年代だけで、世界七十カ所で百件以上もの宗教の名のもと、信仰の美名に隠れた武力抗争が火を噴き、二千七百万人もの尊い命が奪われました。今こそ国連本部に世界の各宗教、各精神指導者が結集し、人類の恒久平和と繁栄を願う「サミット」を開催すべきであります。

世界人類の八三パーセントは何らかの宗教に属しています。

この宗教結集は、国連機構と基本的に一致します。国連は、背広やサリーだけでなく、修道服、仏僧衣、ラマ僧衣、司教冠、ユダヤ教ヤムルカも共に編み込んだ機構であり、異なる宗教や民族の対立を国連と共に克服し、各宗教が共に世界平和宣言に署名し、平和の維持に、紛争の調停、融和に努力する誓いのサミットであります。

サミット参加を呼びかけたメッセージが共感を得たからこそ、これだけ多くの方々が世界中から集まったのでしょう。その彼にみんなの視線が集まりました。

「私はきのうからこの場に立ち合わせていただいて、素晴らしいエネルギーの振動を感じました。このような聖なる大きな振動は、国連の中でかつて感じたことのないものでした。このようなエネルギーを現出させ得たのは、ひとえにお集まり下さった皆様のお陰であります。この中で私は世界の希望を実感することができました。これから努力を続ければ、本当に平和が実現するでしょう」

世界の様々な重要課題に取り組む国連の要人が、「かつてなかったほどの素晴らしいエネルギー」「世界の希望を実感」と、感動を表わされたことに驚きました。きっと世界情勢に通じた方だからこそ、人類史上初の試みの成果を奇跡を見るような思いで見守っておられたのでしょう。

これで国連での会議は終了となり、明日からは近くのホテルに会場が移ります。手元のスケジュール表を見ると先ほどのリーディング・アースマンの名前が最後の祈りを司る人として紹介されていました。一日の最後の祈りを務めるような重要な方だったのです。

会議の終了が告げられると、もう八時を回っていました。昨日は宇宙の光を国連の中に入れることができ、今日は無事に平和の鐘でお祈りもできました。二つの重責を果たされたS先生の安堵を思うと、私までが心が軽くうれしくなりました。

国連本部の建物の外に出ると、Gさんが興奮して言いました。

「ねえ、あの雲を見て。色といい、形といい、不思議な感じがしない?」

指差す方を見上げると、ちょうど国連本部の上空から、どこかを目指して飛んで行くような形をしています。おたまじゃくしのような形で、頭の部分がピンクとブルーの美しい色をしています。Eさんにも声をかけて、三人で神秘的な雲に見とれました。

神々の真実

食事の後、私たちは七五二号室に集まりました。サミットの前半が終わり、今日は何かメッセージがあるだろうと思われたからです。

皆が腰を下ろすと、先生がEさんにおっしゃいました。

「お釈迦さんが来ているんじゃないかな。そんな気がする」

Eさんが心を集中させると、確かにお釈迦様がいらっしゃっていました。

《今回のサミットは、地球始まって以来の出来事であり、世界に散らばった民を集めました。二五〇〇年以来、初めて胸のつかえが下りました。今から、真理の言葉を伝えることができるからです。

どうか真実の言葉を伝えることができますように。真実の言葉を祈りの言葉として伝えることができますように……》

お釈迦様はS先生が現われたので、これからは真理の言葉を人びとに伝えることができると喜ばれているのです。世の中に経典はたくさんあるというのに、これはいったい、どういうことなのでしょう。先生がヒントになることをおっしゃいました。

「仏教の経典はたくさんあるけど、皆、あとになって書かれたもので、お釈迦様自身が書いたものじゃないよね。考えてもごらん。当時、インドの字の読めない人びとにお釈迦様が〈八正道《はっしょうどう》〉など、あんな難しいことを言っただろうか。もっと分かりやすく宇宙の法則を説いたんじゃないかね。

大事なのは形ではなく心だよ。いつか三蔵法師様の祀られているお寺に行った時、神様の言葉を伝える役目の人を通じて三蔵法師様が、心の内を訴えられたことがあったよ。〈自分は大きな間違いをしてしまいました。私は長い旅をして、苦労して仏教の真理を求めましたが、心ではなく、お経という形あるものを持ち帰ってしまったために、後世、お経が宝になってしまいました。心こそが大事だというのに……〉。だから形から入る人は要注意だよ。まだ中味が出来てないのに外側だけ真似するからね」

私はいつも先生のおっしゃる戒め「形や技を求めようとすれば傲慢になる。心をつくろうとする者は謙虚になる」を思い出しました。

「自分も、もしも自分の中味に自信があればカッコつけるだろうさ。自信がないから、まだカッコつけないんだよ」

先生が自分に自信がないとおっしゃったので驚いてしまいました。

「自分はぺらぺらしゃべる講演も良しとはしないよ。言葉だけ並べた形だけの講演はできないんだよ。たとえ人が手を叩いたとしても、自分では認められないだろうね」

いかにも先生の講演ではいつも、あらかじめ決めておかれた言葉ではなく、そのとき胸に溢れ出てきた想いが語られます。まるで先生のお心から直接振動が伝わってくるようで、聞いている私たちの心までも爆発しそうなくらいの感動を覚えます。

だんだんお釈迦様の言わんとすることが見えてきたような気がしました。同じ言葉を聞いても、その心が分からなければ、ただの形にすぎません。言葉に託された心を受け取って初めて、言葉は生きた真実となるのです。

お釈迦様からのメッセージが終わると、先生は緩やかな節回しで歌を口ずさみました。

「マコトビト、マコトビト、神の使いよ、真理の使いよ、マコトビト……」。そしておっしゃいました。

「今度のサミットは教祖みたいな人たちばかりだけど、他の宗教の人の話を聞いて、彼らは相当勉強になったんじゃないかな……。さあ、今度は誰の話を聞こうか」

私は、先ほどの不思議な雲の話をしました。それでは聞いてみようということで、Eさんが目を閉じました。

《我れはアンデスの山に響き渡るチチカカ湖のインディオをお守りする神にございます。宇宙の神のお知らせをいただき、この地に来させていただきました。皆様がごらんになりましたのは、龍の姿にて私が故郷に帰る姿でございました。そちらにおわします方は、お姿は優しき女性ではございますが、魂はまことりりしきお姿にございます。あなた様に差し上げたきものがございますので、ぜひとも我が地へおいで下さいますようお願い申し上げます。では、本日はこれにて失礼いたします》

Eさんに乗り移っているかのように、Eさんの両手は大蛇のようにGさんに向かってくねっています。いつ飛びかかってこられるかと脂汗がにじむほど、迫力満点の存在感です。それにしてもホピの長老たちをこの地までお連れしたり、アンデスの守り神に招待されたり、Gさんはすごい人なのだなと思いました。

Gさんは大学を卒業後、通訳者として外国に渡り、今はアリゾナに居を構えています。ホピの人たちと親交があり、長老たちに大事にされている方です。四年ほど前、先生がホピの地に行かれた時、通訳として同行したのがGさんでした。

アンデスの神が去った後、先生がおっしゃいました。

「今日はこれでおしまいかな。それとも、まだ誰か話したがっているかな。誰かいるみたいだけど……」

まだ話したがっている誰かがいるかどうかを見ようとEさんが目を閉じると、急に夜の静けさが増したように感じられました。いったい、どなたがいらっしゃるのでしょう……。

《私はこの地でずっとインディアンたちを見守り、導いてきた神にございます》。涙にむせびながら、インディアンの守り神は訴えました。

《わが民は血の涙を流すほどに苦難の道を歩んでまいりました。民の地は奪われ、民は傷つき、決して人間が侵してはならない地の蔵までも、自分たちの手で開けなければならなかった――。私は彼らの守り神でありながら、彼らを救うことはできませんでした……》

インディアンの守り神は、ウラン採掘のことを言っているのでしょう。ウランの鉱脈は、もともとインディアンの父祖の地に眠っていました。それは決して触れてはならないタブーとして、彼らは先祖から言い伝えられていました。しかし欲に眼が眩んだ白人たちによって巧妙に土地の権利を奪われ、そのうえ、ウラン採掘労働者として危険極まりない露天掘りを強いられたのでした。泣き崩れる神に、先生は静かに沈んだ声でおっしゃいました。

「私はSといいます。私は五十年前に日本に原爆が落とされたのを見て、これはたいへんなことになったと思い、地球に生まれてきました。人類が原爆を使うことなど、宇宙の神々も想像していないことでした。もしも私がもっと早く地球に降りて来ていれば、あなたたちを苦しめることもなく、地球をこんなに悲惨な状況にまでさせることもなかったでしょうに……」

先生は声を詰まらせて絶句されました。重い沈黙の中に、地球の苦しみと神々の苦しみ、そして先生の苦しさが重なり合っていくようでした。私はいつも先生がおっしゃる言葉を思い出しました。「僕がどうして自分や自分の家族を犠牲にして、こんなに働き続けているか分かるか。自分でも正気じゃないと思うよ。それでもずっとこうしているのは、神様が可哀そうだからだよ。皆、神様にお願いするばかりで、誰も神様の気持ちや心を分かろうとしない。神様は、みんなが考えているようなものじゃないよ」

本当に私なども、神様は万能だと思い込んでいて、泣いたり、苦しんだりなさっておられるなどとは想像もつかないことでした。私たちは子どものうちは親の苦労が分からず、好き放題をして感謝の心もありませんが、やがて大人になると親の苦労が分かり、深い感謝といたわりの気持ちが湧いてきます。同じように神様に対しても、われわれ人間は心を成長させて、早く感謝の心に目覚め、親孝行、神様孝行してゆく気持ちにならなければならないと思いました。

S先生は泣き崩れている守り神に、気合いもろとも宇宙の光をお与えになり、パワーの増したエネルギーで、これからますます働いていかれるようにと励まされました。

神様に光をお与えになり、神様のグレードを上げるなどということを、気合いをかけた数秒間でなさってしまう先生はいったい、どういうお方なのでしょう。神様との対話が終わると、またすぐ私たちと普通の会話に戻られるのが不思議に思えました。私たち人間にとってだけでなく、神様たちにとってもかけがえのない方なのだと実感させられました。

第4章　自由の女神の灯

宇宙への願い

サミット三日目の八月三十日、午前中の講演の後、午後、私たちは七五二号室に集まりました。皆が腰を下ろすと、Mさんが小さな金色のプラスチックの破片のようなものを取り出しました。

「昼間、集合場所の椅子の上に落ちていたものです。何か意味があるような気がして持ってきたんですけど……」

それを見た先生がすぐにおっしゃいました。

「自由の女神さんの頭につけている光じゃないの？」

確かに長細い三角形をしています。Eさんに、これがどういうメッセージであるかを聞いてもらうことにしました。

「自由の女神は宇宙からの要請で、この地に明かりを灯し続けてきました。今回のサミット開催を、自由の女神は灯をもって宇宙に合図を送りました。これでアメリカの役目が終わったので、自由の女神に慰労の言葉をかけてあげて下さい。二百年以上、ずっと立ち通しでしたから。

この地に集う若者たちに独立精神を与えるため、アメリカ合衆国は成立しました。日本の荘厳なる雅《みやび》な心と和の心、そして合衆国のフロンティア精神がクロスすると、エデンの園になるのです。しかし宇宙にはそれを嫉妬する者もいて、フロンティア精神の象徴であるケネディが殺されました。合衆国は頭を刎《は》ねられ、どうしようもない体のみになってしまったのです。そして日本とアメリカのクロスが歪んでしまいました。

今や地球環境を変える術もありませんが、地球レベルの魂の配置を変え、人の心を方向転換させる動きが必須です」

ここで自由の女神ご自身からのメッセージがありました。

《アメリカ合衆国は終わろうとしています。しかしインディアンたちが建て直すかもしれません。インディアンの人びとがこの国を建て直す道標としてなら、これからも立ち続け、明かりを灯してゆきたいと思います……。しかし、それは宇宙からまだ許されてはおりません。どうぞ宇宙からの光とメッセージをお与え下さいませ》

自由の女神の切なる願いがひしひしと伝わってきます。先生はおっしゃいました。

「自由の女神さんの言いたいことは分かるだろう？　言いたいけれど遠慮して言わないのさ。神様でも、偉い神様ほど遠慮して、こうしてほしいとは言わないものだよ。自由の女神も、あるとき誰かがインスピレーションを受けてつくったんだろうが、自由の女神の本当の役目など知るはずもない。人は思いだけで物をつくるが、あとで宇宙や神がそれを使う。物に神の意思が入ったりするんだよね……」

明日、たぶん先生は自由の女神に宇宙の光をお与えになり、インディアンたちがアメリカを建て直す道標として、自由の女神が明かりを灯し続けられるよう祈られるのではないでしょうか。言わずとも、お願いせずとも、人や神様の気持ちを察して下さる先生です。どうぞ自由の女神様がこれからも明かりを灯し続けられますように——。

＊

次に出ていらしたのは海玉伊志命《ミタマイシノミコト》様です。この方は古事記でいうところのヒルコ様で、長い間、九州のあるところにお祀りされていました。アマテラス様の兄にあたる方ですが、生まれた時に体が不完全だったために流されてしまったということです。ある時、先生がそこを訪れた折、ヒルコ様の不自由な体を創造神様にお願いしてつくり直され、立派な男の神様になさいました。そして名前も「海玉伊志命」と名付けて差し上げたのでした。日本を代表される神様なのに、たいへん謙虚で清らかな心を持たれた方だと先生が感動されていました。
《日本の代表として、宇宙の神を戴かれる方々、日本国を背負われる方々に、雄々しくあられますようお願い申し上げます》
日本最高の神様からのお言葉を噛みしめました。自分たちの立場の重大さに改めて目覚めさせられる思いがしました。神様のお心の深さにお答えしたいと思いました。

＊

次にお出ましになられたのはアマテラス様です。

《これから世界の大本返りが始まります。世界の先住民の心は素直で清らかな心です。種人《たねびと》は数多くは必要ありません。種は少量でも、実りゆくマコトビトが花を咲かせゆくのです。マコトビトとは、厳しき中にも慈愛に満ちた、神の心を備えた素直な清らかな魂でございます。

沖縄の〈虹の館〉から育ちゆく若き魂の熱い思いは、世界中の若者たちの心を揺さぶることでしょう。彼らの魂の成長を、世界各国に見せる場が必ず用意されることでしょう。

こうあってほしいという神の願いはありますが、命令はいたしません。ご縁をいただきましたことを、無駄にしませぬように。世界各国から集われた魂を見たことを、魂の糧として歩まれますことを望みます。

S様、まことにありがとうございました。これからも日《ひ》の本《もと》の若者たちをお育て下さいませ》

ニューヨークにいながら沖縄の仲間たちの話題になったのを、たいへんうれしく思いました。世界のどこにいようと私たちはつながっていて、神様はすべてを見ていて下さるのだと確信しました。

うつむいて物思いしている私の耳に、先生の声が響きました。

「あれ、向かいのホテルの窓からこちらを見ている女の人がいるよ。アフリカの人みたいだ。さっきからずっとこっちを見ているんだよ。目が合っているのに動こうとしない。何かアフリカの神からのメッセージじゃないかな。Eさん、聞いてごらん」

Eさんは目を閉じて心を集中させました。やがて腰掛けていた椅子から立ち上がりました。彼女の体に入られた方は先生に向かって跪《ひざまず》き、片手を胸に当てて、恭《うやうや》しく礼をなさいました。

《クレオパトラにございます。このたび我が王家の血を受け継ぐ一人が、この地にまいっております。あなた様のお光をいただきましたこと、まことにありがとうございました。何とぞ我がエジプトにもお運び下さいまして、我が地にも光を賜りますようお願い申し上げます》

悲劇的な最期を遂げたとされるクレオパトラが、あちらの世界でも気品と威厳に満ちて働かれているご様子をうれしく思うとともに、女王じきじきにご招待を受ける先生の尊さを改めて知らされる思いでした。

永劫の苦しみからの解放

「さあ皆さん、誰か話を聞いてみたい人はいないかな」。クレオパトラが帰られると先生が聞いて下さいましたが、誰も口を開く者はいませんでした。こちらからどなたかを指名するなど、思ってもみないことです。

「ねえEさん、ケネディ大統領と話をしてみたいと思わない?」

先生が問いかけました。私は驚きました。先だってEさんは私に、若い頃からケネディ大統領に憧れていたという話をしていたのです。その心を先生は読み取られたのでしょうか。Eさんは少し考えてから答えました。

「はい、私はずっとケネディ大統領が好きでしたから、今どうなっているか知りたいです」

「じゃあ、呼び出してみよう。だけどこれをやってしまったら、今日はもう神様があなたの体を使うことはできなくなってしまうから、いちばんあとにしなければならないよ」

目に見えない世界にはそういう法則があるんだなと思いました。もしかしたら、ケネディはあまり高い次元にはいらっしゃらないのかもしれません。それでたぶん、ケネディの霊を体に入れてしまうとEさんの体は一種の「ケガレ」の状態になり、その日はもう神様が入る器としてEさんの体を使うことができなくなるのではないでしょうか。われわれ人間は、心の善し悪しに関係なく、物理的には誰とでも一緒にいることができますが、目に見えない世界というのは厳密なものだと思いました。

Eさんが心を集中させて、もうどの神様もいらっしゃらないことを確認した後、いよいよケネディ大統領を呼び出すことになりました。Eさんが取り次ぎをする前には、いつも先生が「Eをお使い下さい」と見えない世界に呼びかけます。先生がそうするとEさんの能力がぐーんと広がって、どんな方ともスムーズに通じることができるのだそうです。

いつものように、まず先生がケネディに呼びかけました。目を閉じて、小さな低い声で何度も呼びかけています。いつもならたいていは二、三度の呼びかけで応答がありますが、今日はなかなか応答がないようです。

「ケネディさんを呼んでいるんだけど、何だかその前に出て来たい人がいるみたいだ。出て来てもらおうか……。はいっ、どうぞEを使ってお話し下さい」

先生の呼びかけで、その方はEさんの中に入られたようです。片手で顔の半分を押さえるようにしています。顔に大きな怪我でもされているのでしょうか……。
《リンカーンにございます。お声の主はいったい、どなた様でいらっしゃいますか》
「Sといいます。沖縄からこの地に来ております」
《このような光は見たことがございません。宇宙の光でございましょうか。天の父よりも尊い光のように思われますが……。私は長い間、暗闇の中で苦しんでいました。世の諸々を恨み、絶望しておりました。ここでこのような光に出合えるとは、何というありがたいことでしょう》
するとS先生の声が響きはじめました。
「世の中や人びとを恨むでない。そなたは生前、たいへん立派な仕事をされました。これからそなたに光を与えて次元を上げることにしよう」
《ありがとうございます。できれば生まれ変わって、思う存分働いてみたいのですが……》
「気持ちはよく分かる。しかしもう時間がないのだ。できればそなたは神になって、政治家たちや世の人びとを導いてはくれまいか……」
《よく分かりました。仰せの通り、働かせていただきましょう》
先生はリンカーンに向かって、気合いもろとも「えいっ、えいっ、えいっ！」と光をお与えになりました。リンカーンは感謝しながら帰って行かれました。

「人民の、人民による、人民のための政治」を目指し、奴隷解放宣言まで実現した英雄が、暗闇で苦しんでいたなどとは思いもよらぬことでした。リンカーンにとって先生との出会いは、暗闇の中での永劫の苦しみから次元をアップされて大きな働きをするという大きな運命の分かれ目でした。われわれ人間にとっても神様にとっても、リンカーンのような霊的存在にとっても、S先生は闇を光に変えて下さる運命の大恩人ではないでしょうか。

＊

「さあ、それではケネディさんを呼び出してみようか」

先生はケネディに呼びかけはじめました。しかし、何度呼んでも応答がありません。何度も何度も呼びかけて、やっと彼を捜し当てたようです。

「さあ、Eを使ってお話し下さい」

先生は「えいっ」と気合いをかけました。皆が見守る中、ケネディはうずくまったままです。先生の声は聞こえているのでしょうか。まるで真っ暗闇の独房に閉じ込められてでもいるかのように、呼びかけても反応がありません。先生は椅子から立ち上がってケネディに近づき、優しく声をかけました。

「さあ、そなたの思いを話すがよい」

しかし、反応がありません。もう一度、気合いとともに光をお与えになりました。これを何度か繰り返すうちに、やっと少し動きはじめました。しかしまだ無言のままです。先生の優しい声を聞いても心に届かず、暗闇の中で苦しみ続けているようです。その様子を見ていると、「無間《むげん》地獄」とはこのようなものかもしれないと思いました。外から光も救いの声も届かず、固い心の殻に閉じ込められ苦しみ続けているのです。

それでも先生は辛抱強く励まし続けました。ようやく、彼の口から呻き声が漏れ出てくるようになりました。

《私に呼びかけるのは誰だろう。見ればうっすらと光が見える。ああ、我が一族の呪いを解きたまえ。血塗られた一族の呪い――。私は永劫の苦しみの中に閉じ込められてしまった。ああ神よ、アメリカの夢を実現せんと手を振り上げたその時に、なぜ私の命をもぎ取ってしまわれたのか――。天の父は何故にそれをお許しになられたのか……》

「ケネディよ、許してくれ。天の父とて万能ではないのだ。天には他の神々もいて、皆の話し合いの上でなければ物事を動かすことができない。また、宇宙には善きことに嫉妬する神もいて、不幸な結果になることもあるのだ。さあ、もう苦しまずともよい。今からそなたを引き上げよう」

《あなたはいったい誰なのですか。天の父、いやそれ以上のお方のようだ。もしも私の

願いを聞いて下さるなら、私はもう一度生まれ変わって世のために働きたいのです》

「そなたの気持ちはよく分かる。そなたには道が二つある。一つはそなたが言うようにもう一度生まれ変わってくること。もう一つはそちらの世界にいたまま、政治家か誰かの後ろについて彼を指導することによって世の中を良くしていくこと。というのは、われわれにはもうあまり時間がないのだ。早く人間たちが目覚めないと、地球自体が危ないのだ。生まれ変わって来る間に、地球がなくなっているかもしれない。どちらを選ぶかは、そなたが決めればよい」

ケネディは迷う様子もありませんでした。

《分かりました。おっしゃる通り、私はこちらの世界で働くことにいたしましょう》

「分かってくれたか。もうすぐアメリカでは大統領選挙が行われる。そなたの心に叶う人物の後ろについて、思う存分、働かれるがよい。これからのアメリカの政治に期待していよう」

S先生によって苦しみから解放されたケネディが帰られてから、Aさんが言いました。

「ケネディ家は確かアイルランドからの移民ですごく貧しかったんだけれど、お酒を密造して財を成したんだよね、最初は。先祖がずいぶんあくどいことをしたんだろうか？お酒を密造して儲けるのは大罪なんだろうね。呪いがこんなに凄いんだから……」

もしも先生が引き上げなかったら、永遠にあの状態のままだったのでしょう。

「恨みや思いを残して死ぬと、本当に恐いね。英雄だと思われている人でもこうなんだから……」と先生。目に見える世界でも現実は厳しい状況ですが、目に見えぬ世界はもっと大変に思えました。世のために働ける力は与えられているのに、何かの原因で心が頑なになり、暗闇の中で苦しみ続けている霊たち。あんなに凄い苦しみから解放されたケネディの身の上を心底よかったと思いました。

「ケネディさんは、ゴアとブッシュのどちらを応援するのでしょうね。大統領選挙が楽しみですね」

アメリカの未来に思いを馳せながら、私たちは遅い夕食に出かけました。何と、もう十時を回っています。午後三時頃から十時過ぎまで、七五二号室にいたわけです。その間ずっと神様や霊の方たちと交信されていた先生とEさんのエネルギーの消費量たるや、いかばかりでしょう。とくに先生はそのつど光を与えているのです。先生の発せられる光でどれほどの方々が救われ、次元を上げていただいたことでしょう。お二人に心から頭が下がりました。

第5章　マリア様の悲しみ

世界仏教最高指導者会議

八月三十一日、サミット最終日、私たちのグループは二手に分かれました。S先生とEさん、Mさん、Gさん、それにAさんは、自由の女神に向かい、残りのメンバーは、朝七時から始まる「世界仏教最高指導者会議」に、日本代表団の方たちとともに、出席させていただくことになりました。世界中から来られた仏教最高指導者たちの会議に、いくら日本代表団とはいえ、われわれ一般人が同席を許されたことに驚きました。

会場のホテルの一室に入場すると、すでに八名の僧侶が部屋の上座に座っていました。われわれ一行は遠慮して部屋の後方に座りましたが、それだけで四十席ほどの約半分が埋まりました。全員が揃うまでに、後ろの出入り口付近にはカメラを構えた十数名の報道関係者も集まってきました。

さあ、いよいよ会議の始まりです。この会議の呼びかけ人であるらしいインド人男性の挨拶に続いて、各国、各宗派の最長老とおぼしき方々が四、五名、スピーチされました。残念ながら、同時通訳機がないので話の内容は分かりませんでした。長老たちのスピーチが一段落すると、司会者が参加者たちにスピーチの希望がないかどうかと尋ねました。会議が始まってから何度も挙手して発言を求めていたチベット僧が、やっと話す機会を与えられました。彼とは昨日サミット会場で隣り合わせ、Tさんと私は知り合いになっていました。彼はダライ・ラマ十四世の弟子で、十四世からのメッセージを携えてやって来ていました。まだ若くて長老の列には入りませんが、彼の体から発せられる大地のような温かさが彼の非凡さを物語っていました。メッセージを伝えようとする熱情が伝わってきて、手に汗握るほど、この大地のようなチベット僧を応援せずにはいられませんでした。多分、Tさんも同じ気持ちだったのではないでしょうか。アメリカに住んでいるという彼が、どしどし働いてゆけますようにと願いました。

次に手を挙げたのは、色白で背の高い日本人僧でした。最初彼が部屋に入って来た時、純朴さを感じ、高野山から来た青年僧かと思いました。だから彼が発言を許されて、スマートな英語で話しはじめたのには驚きました。歯切れのいい語り口に皆の心が吸い寄せられていきます。そのシャープな精悍さを見ていて、ああ、空海様みたいだと思いました。外国人の長老たちの中に混じって、臆することなく自分の考えを述べる姿に、かつて中国に留学して仏教を学んでいた空海様のお姿が重なったのです。彼の発言が、話し合いの内容を一歩押し進めたようです。この現代にも、世界で活躍できるこのような青年僧がいたことを誇らしく思いました。

会議が終わると、その青年僧にTさんと私は近づいて行きました。自己紹介して彼のことを尋ねると、浄土真宗の僧侶で、ニューヨークのお寺を任されているのだそうです。なるほど、それで英語がペラペラだったわけです。先ほどの発言についてお尋ねすると、この宗教サミットで出そうとしている宣言文の内容を審議していたのだそうです。かつては宗教の名のもとに他の民族や文化を侵略したり破壊したりすることが行われてきましたが、もうそういうことのないように、少数民族をはじめどのような民族や文化であっても、それぞれに固有の信仰や宗教を有する権利があるのだという宣言文。

Tさんは彼と通信を送り合う約束を交していました。

創造神の光

会議の後は楽しく午後を過ごし、夕方、みんなでホテルに集合して、ニューヨーク最後の夕食に出かけました。私たちは会議の模様を報告したり、自由の女神での様子を聞いたりしました。夕食の後はまた、七五二号室に集まりました。

「今日は最後の夜だから、ここに出て来て話したい方たちがいっぱいいるんじゃないかね。神様たちといえども、本体は人間が連れて来ないと移動できないんだよ。もちろん、電話をかけるみたいに、離れていても通信することはできるがね。テレビ電話のようなものだよ。映像も見せて話もできる。しかし、それは神様の本体ではないんだ。でも、ほとんどの霊能力を持つ者はそれを神様の本体、神様自身だと思ってしまうようだがね……。今は世界中から人びとが集まって来ているから、世界中の神様たちも一緒にこの地に来ているんだ。神様たちにとっては、宇宙の神様に会えるまたとない機会というわけさ」

「先生、本当に凄い列になって順番を待っています……」。目を閉じて霊視していたEさんが驚いて声をあげました。

「さあ、じゃあ、さっそく始めよう。最初は誰かな……」

Eさんが改めて目を閉じました。やがてEさんは座った姿勢のまま、両腕を動かしはじめました。いつもならすぐに口を開くのに、いつまでたっても沈黙です。ただ懸命に腕を動かして、何かを先生に訴えているようです。今度は自分の左手のひらに、右手で何かを描きはじめました。しばらく様子を見ていた先生が、「ああっ」と声を出してうなずかれました。それに呼応するかのように、ようやく私たちにも彼女が誰なのか分かりました。ヘレン・ケラーです。彼女が目も見えず、耳も聞こえず、口も利けないのだと気づいた先生は、立ち上がってEさんの前に立ち、低い気合いを発しながらヘレン・ケラーの両目と両耳に光を入れるような仕草をなさいました。そして頭と首と喉にも同じように光を与えました。

「さあ、もう大丈夫だから話してごらん」。優しく先生はおっしゃいました。しかし、ヘレンはすぐには声を出すことができません。自分が癒されたことを、すぐには実感することができないのでしょう。もがくように両腕を動かすばかりです。今度は先生は「あー、いー、うー、えー、おー」と発音の基本から教えようとなさいます。「あー、いー、うー、……」と、ヘレンが分かるまでゆっくりと繰り返してゆかれました。

《あー、あー、あー》。やっと彼女の喉が開かれてきたようです。

「そうそう、それでいい。そのまま続けて………」

ようやく声を出す感覚をつかめてきたようです。ゆっくりとヘレンが話しはじめました。

《ああ、ありがとうございます。うっすらとあなた様の光が見えてまいりました。いったい、あなた様はどなたでいらっしゃいますか》

「沖縄から来ましたSといいます」

《このような光は見たことがございません。いったい、どこからこのような光が現われたのでしょう。ああ、もしかしたらこれは創造神様の光ではございませんか――。何というありがたい……》。ヘレンは感動に打たれているようです。私たちは、ヘレンが先生の発する光を創造神の光だと喝破《かっぱ》したことに大変驚きました。今回ここに来られた中で、このことをすぐに言い当てた方はいませんでした。たとえ神様であっても、太陽系や銀河系の神様では、創造神の光を見ることはそう許されるものではないそうです。神様でさえ見たことのない光の正体を見抜いてしまうとは、何という研ぎ澄まされた直感力と洞察力でしょう。障害を持って生き抜くことが、どれほど凄じい修行であるのかが推察されます。

ヘレンは涙を流しながら語りはじめました。

《生前、私はサリバン先生の教えを受けました。先生は大変温かい立派な方でした。先生のお陰で、私は手に触れるものの名前を知り、世界の成り立ちを理解することができました。まるで光を得たように、私の世界は広がりました。

しかし、死んでこちらの世界に来てからは、またしても暗闇の世界に落ちてしまいました。肉体を失って、物に触れることができなくなったからです。私はまた暗闇と苦しみの中に取り残されてしまいました。その中で私は神を信じることができませんでした。なぜなら、両親も先生も〈人は皆平等だ〉と言いましたけれど、私には自分が他の人たちと平等だとは思えなかったからです。

しかし今、このような光を目のあたりにして、私は心から神を信じることができました。

自分の魂の殻を破り、真心から神に感謝することができました。許されるならばこの後、健康な人間に生まれ変わって、子どもたちの教育に力を注げたらと望みます》

「ヘレンよ、そなたの気持ちはよく分かる。しかし、今は時間がないのだ。生まれ変わって大人になるにはずいぶん時間がかかる。それよりもそなたは神になって、自由の女神とともに人びとのために働いてはくれまいか」

ヘレンは少し考えているようでした。

《分かりました。おっしゃる通りにいたしましょう。私には神の名はいりません。自由の女神様とともに働かせていただきましょう。私は生前、目も見えず、耳も聞こえませんでしたが、人の心をその温かさで感じることができました。もしも私を呼ぶ人があれば、その傍らに寄り添うことにいたしましょう》

「ありがとう、ヘレン。これからあなたを神に引き上げよう。そしてあなたを〈温かい心の神様〉と呼ぶことにしよう」。先生はそうおっしゃると、気合いもろともヘレンに光を送りました。女神へと次元アップされたヘレンは、さぞ光に満たされたことでしょう。温かい心の神様はこれから多くの人びとの心に寄り添い、温かい心で導いて下さることでしょう。そして、多くの子どもたちを温かく包んで下さることでしょう。

次に、自由の女神様が出て来られて、昼間のお祈りのお礼を先生に申されました。そして、魂の殻を破り、真心から神を信じて感謝する心がどれほど大事なものであるかを伝えるために、ヘレン・ケラーをつないだのだとおっしゃいました。

私は先生のありがたさをひとしお実感しました。先生の愛と光を受けて、神や霊人が次々と蘇《よみがえ》り、次元アップして新たな使命をいただいてゆきます。先生の発しておられる宇宙のエネルギー、創造神からの光は、先生によって地球にもたらされているものです。これはとてつもない、地球史に残る恩寵の場面に立ち合わせていただいているのだと熱いものが込み上げてきました。創造神の愛に溢れるこれらの奇跡を、私は許されるならば、人びとや後世に伝えたいと思いました。それが先生のおそばにいる者の務めではないかと感じたからです。心の中で決意を固めていると、先生がおっしゃいました。

「昨日、引き上げられたケネディさんはどうなっているかねえ。聞いてみたいと思わない?」

皆がうなずきました。Eさんが目を閉じると、今日はすぐに出て来られました。昨日あんなに時間がかかったのがうそのようです。昨日は先生の声も聞こえぬほど、真っ暗闇の中で苦しんでいましたが、今日は光も声もすぐに届くところまで来ていたのです。

《私は自分の望みを途中で断たれたことを恨んでいましたが、なぜ自分が止められなければならなかったかをいま悟りました。生前、私はフロンティア精神を振りかざし、世界制覇を狙っていたのです。
今なら分かります。真心と誠の心があって初めて自由があるのです。選択の自由を許されるのです。これから生きる人びとには、自然の温かさを知り、互いに助け合うことを学び、神の存在に目覚めてほしいと思います》
先生がしみじみとおっしゃいました。
「次元を上げると、自ら悟って、ますます次元が高くなるんだね」

*

次に出て来られたのは、なんとダライラマ一世でした。
《国連本部の会場で、私はあなた様の光を見ました。あなた様にぜひともダライ・ラマ十四世に会っていただきとうございます。ダライ・ラマ十四世はたいへん心の温かい人物ではありますが、若い僧侶たちの教育という点からすれば、まだやらねばならぬことがあろうかと思います。
これから私は彼の夢枕に何度も立って、あなた様に会うことが叶うように彼にメッセージを送りましょう。遠からず、またお目にかかれますよう願っております》
私たちは興奮しました。チベットは私たち仲間が深い縁を感じている場所だからです。チベットの置かれた苦しい状況に心を痛める人びとは少なくなく、ダライ・ラマ十四世に対する敬愛と関心は世界中から寄せられています。彼の影響力は社会的にも祈りの世界においてもたいへん大きなものでしょう。彼がS先生に出会った時、いったい何が起こるのでしょうか……。ダライラマ一世の願いが叶えられますように、実際に身体を持った私たちも何かさせていただけることがないものかと思われました。

さて、次に出て来られたのはマリア様でした。

《私は、我が子キリストの考えと行いに懸念を抱いておりました。言葉には愛と光が乗っていくものですが、書かれた文字にはそれがありません。聖書がつくられたのは、天の父と我が子キリストの誤りであったと私は思います。活字だけでは心を伝えることはできないからです》

厳しいマリア様の言葉に、私たちはたいそう驚きました。その厳しさに、マリア様がどれほど苦しんでこられたのかが窺えました。マリア様は親神様の光を前にして、これまでは言うに言えなかった本音を吐露されたのでしょう。これまでの男性社会では愛よりも建て前を重視し、心よりも形をありがたがってきたように思われます。その行き過ぎに対する女性たちの悲しい叫びのようでありました。自分たちが善しと定めて、愛と正義の名のもとに突き進んできたキリスト教の歴史。しかし母や女性たちの愛から見れば、とんでもないことも多かったのかもしれません。私たち一人ひとりの中にもあるそういった行き過ぎや独善を、マリア様の叫びは強烈にあぶり出してくれるようでした。

そのとき突然、Aさんがこらえ切れなくなったようにその場に土下座して激しく男泣きしました。普段は人一倍クールで知的なAさんが、こんなにも無になっている姿に心を打たれました。

私はまた恥ずかしくなりました。マリア様の深い苦しみを、自分はちっとも知りませんでした。マリア様の優しさや優雅さに憧れていましたが、マリア様の本当のお心を察することはありませんでした。

常々、先生が「人の痛みを分かる人になりなさい」とおっしゃる意味がようやく少し理解できたような気がしました。本当に、人の痛みや苦悩が分からなければ、その心を察することもできません。心が分からなければ、真実を見ることはできないでしょう。心を理解して初めて真実が見えてくるのでしょうから、人生の中で苦労しながら心を耕してゆくのも、だから大切でありがたいのだと得心しました。楽をして、人生を生半可に過ごしていては本当にもったいない、それではいつまでたっても真実は見えてこないだろうと自戒されました。

第6章　未来への希望

宇宙の真の光

九月一日、国連での行程をすべて終えてニューヨークを出発する日となりました。朝食前、先生がロビーのソファーに座っていると、黒人の紳士が近づいて来て、先生に向かって丁寧にお辞儀をされたそうです。先生は、見ず知らずの人から挨拶を受けるというのは何か意味のあることで、誰かが自分に会いたがっているのではと気づかれました。

朝食後、急拠七五二号室に私たちが集まると、サミット二日目に「仕事はこれで終わった」とおっしゃっていたにもかかわらず、さっそく先生は目に見えぬ客人に声をかけました。

「さあ、どうぞEを使ってお話し下さい。えいっ！」

気合いを受けると、椅子に腰掛けていたEさんは立ち上がって先生の方に歩み寄り、跪《ひざまず》いて深々と礼をしました。

《キング牧師にございます》

そして先生にお目文字叶ったことをたいへん感謝されました。彼は先生の発する光を見た感動を、溢れる涙とともに切々と訴えました。

《私は生前、人びとの魂の救済を願って懸命に働きました。何とかして人びとに光をもたらしたいと願っていましたが、しかしそれは叶いませんでした。光は教会にはなかったのです。聖書にも光はありませんでした。天の父は私たちを救うことができなかったのです。それを知った時、どんなに苦しかったことでしょう……。しかし今、私はこうして真の光を見ることができました。この宇宙の光を、私は多くの人びとや聖職者に届けたいと思います》

「キング牧師よ。牧師の中の牧師、キングとなりなさい。これからあなたはイエスにも会えるだろう。イエスと相談しながら、これからは歩むがよい。天の父と、イエスとキングと、三位一体となって働きなさい」と先生はおっしゃいました。

キング牧師はゆっくりと先生の方に両腕を差し出し、涙ながらにお願いしました。

《この両手に、少しだけ光をいただけないでしょうか》

先生は願いに応《こた》えて、キング牧師の差し出した両手のひらに向かって、柔らかく、力強く、両手から光を与えました。

《ありがとうございます。この光は、私の両親に持って行かせていただきとうございます》

深々と頭を下げる牧師に向かって先生は言われました。

「あなたの両親だけではなく、多くの人びとに与えなさい。この光は、与えたからといってなくなってしまうものではない。次から次へと限りなく湧き出してくる泉のような光であるから……」

この言葉を聞いて、私の心に「虹の神殿」が浮かんできました。「虹の神殿」の中央には清らかな湧き水が湛《たた》えられた泉があります。あの泉にも宇宙の光、真の光が尽きることなく湛えられているのでしょう。

「さあ、これからあなたは次元を上げて大いに働くがよい」

先生はキング牧師に向かって「えいっ、えいっ、えいっ！」と気合いを発し、全身に光を与えました。

私はまるで自分のことのようにうれしく、泣けて仕方がありませんでした。何カ月か前、ちょうど図書館でキング牧師の伝記を読みました。信仰厚い立派な両親のもとに生まれ、子どもの頃から気高い魂の片鱗を見せて育った彼は、生涯を通じて献身的に人びとのために働いたそうです。熱心なキリスト教徒であり、尊敬される牧師であった彼が、教会にも聖書にも光がないと知った時の絶望はどんなに苦しいものだったでしょう。何よりも人びとの魂の救済を願った彼は、それが叶わなかったので、亡くなった後までもがき続けていたのではないでしょうか。

求めれど求めれど、どこにも見つけることのできなかった光を、やっと見つけることができたのです。これからは苦しむ人びとに真の光を届け、魂を救い上げることができます。何という喜びでしょう。

キング牧師の魂を前にして、まるでアメリカの空海様のようだと思いました。絶望の淵から救われたこのりりしい魂は、必ずや多くの人びとの魂を救い、キリスト教世界を光で満たしてくれることでしょう。

先生の発する光があの世にもこの世にも二つとなく、天の父さえできなかったことを可能にする光なのだということに、改めて深い感動を覚えました。その光の本質は、何よりも深い愛であること——。

今、地球に宇宙の光、創造を司る親神様の真の光が降ろされ、新しい地球が生み出される礎が築かれているのだと感じました。ニューヨークに滞在したたった四、五日間でさえ、想像をはるかに超えた奇跡の連続でした。それは民族や人類の歴史を解き明かし、未来へとつなぐものであったり、神々や宗教のさらなる働きを助けるものであったり、永劫の苦しみから解き放たれた魂の復活であったりしました。それらは目に見えない世界の出来事が大半であるゆえに、普段の私たちには想像もつかないことでした。創造神の光によってなされたこれらの物語は、聞く人の心を勇気と希望で満たしてくれるのではないでしょうか。闇の中から光を見い出したキング牧師のように。

帰還

感動の竜巻のようなキング牧師との対話が終わると、いよいよ出発です。ホテルの玄関を出ると、急にぱらぱらと優しいにわか雨。きらきらと光が降ってくるようで、皆の顔が輝いています。まるでアメリカの神様やニューヨークに集まった神々様の感謝の涙のようなお天気雨でした。

走り出したバスに揺られながらふっと座席の上を見上げると、収納棚から天井にかけて、何とレインボーカラーです。神様の御心に叶った時、空に架かる虹や虹のマークで神様の祝福を伝えて下さると聞いたことがあります。まさか帰りのバスの中が虹色に内装されているなんて……。まるで神様に抱かれているようでした。

空港に着いて荷物を預け、チケットを受け取ると、突然、先生が出口の方にすたすたと歩きはじめました。あっけにとられて、ぞろぞろと後を追う私たち——。

「神様たちが見送りに来ているから、挨拶してくるよ」。先生はEさんだけを伴って向こうに歩いて行き、真剣な面持ちでうなずきながらEさんと話しています。私たちには知る由もない、神様の思いをうかがっているのでしょうか。やがて、大きく腕を開いて最後のお祈りを厳かに力強くなさいました。

先生とご一緒させていただくと、いろいろ不思議なことが起こったり、神々様の謙虚なお姿を見せていただいたりします。それは先生に対する神々様の心を尽くされたお姿であって、本来ならば私たちが見せていただけるものではないでしょう。そのような時、できるだけ自分は透明になりたいと思います。愚かな考えや奢りが心に生まれぬように――。

「真理の場」

ニューヨークから成田に着き、出迎えの車で羽田まで送っていただいて、時間待ちにふと空港の書店に立ち寄りました。私の目に、一冊の本が飛び込んできました。赤と金色で装丁されたその本に近づいて見ると、何とエジプトを舞台にした小説『光の石』(角川書店)でした。メッセージかもしれないと思い、買い求めました。あとで先生とMさんにお見せようと思ったのです。

沖縄行きの飛行機の中、隣りのMさんに差し上げようとしたら、Mさんは自分も買うから私が先に読むようにと勧めて下さいました。それで表紙を開くと、次のように書かれていました。

『エジプトの奥深く、砂漠の山間に、閉ざされた禁断の村が実在した――〈真理の場〉。ほんの一握りの選ばれた者たちだけが住むこの村は、ラムセス治世にいたる約五百年もの間、神聖なるファラオの墓所を建て続け、エジプトの秘儀秘宝を守り通していた。その最たるものが〈光の石〉。これは、大麦を金に、物質を光に変える力を持つと言う……』

この「真理の場」という言葉に触発されて、私の心に「虹の神殿」が浮かび上がってきました。

「現代の〈真理の場〉は沖縄の〈虹の神殿〉ではないだろうか――」

これから「虹の神殿」を中心にして、新しい地球の創世紀がつくられていくような気がしました。二〇〇〇年八月十五日に宇宙創造神からの光を降ろされた「虹の神殿」。現代の「真理の場」からどんなドラマが始まっていくのでしょう。

神様のシナリオは私たちには知る由もありませんが、神様が私たちをお創り下さった時、子どもたちにはこのようにあってほしい、このように生きてほしいと思われたように生きたいと思いました。

旅を終えて

私はもう一度、国連での四日間を振り返ってみました。世界平和サミットを通じて感じたことは、目に見える世界をより良いものにするために、目に見えない世界からまず良くしていこうという努力が、世界を動かす人びとの間で始まっているようだということです。国連で九月初めに行われる首脳会議に先立って、この平和サミットが開催されたというのも、そのことを示しているのではないでしょうか。宗教や精神的な活動が政治や経済の後にではなく、むしろ積極的に地球の癒しや人類の抱える諸問題解決のためにリーダーシップを示そうとしています。また、人類を宗教や信仰によって分かつのではなく、一つに融合してゆくためにこそ機能してゆこうとしています。

もう一つ気づいたことは、ほとんどの方々がお互いに手を取り合おうとしていること、地球の平和を実現するためには皆の協力がぜひとも必要だと認識しているということです。たった一人の救世主やスーパー・ヒーローに委ねることなく、ここまで危機に瀕した地球は皆の手で救い出さねばならないと気づいているのです。もしも宗教の中に自己中心的な思い込みやネガティブに働くこだわりがあるのなら、それは手放さなければならないでしょう。

人間の力ではどうしようもないくらい地球環境が破壊され、多くの問題を抱えて立ち行かなくなった今だからこそ、人類は自らを救うためにエゴの固い殻を破ろうとしているように思われます。リーディング・アースマンが言うように、「謙虚でなければ救われることができない」からです。

またヒンズー教の代表者が述べたように、「今の地球の問題は〈心の貧困〉である」ともいえるでしょう。苦しんでいる人たちや弱い立場にある人たちへの思いやりや優しさ、命を育んでくれる地球や自然への感謝、そして真心に私たちは溢れているでしょうか。それよりも、憎悪や争いや報復によって心を焼かれている人びとが多いのではないでしょうか。「一人ひとりが鏡の前に立って自分の姿を映し出し、心の中の悪想念をすべてきれいにしなければならない」と、仏教の代表者は言っていました。ロシアの代表は「慈悲と愛情と真理、そして祈りが平和をつくっていく」と述べました。

言葉だけを聞けば、「ああ、また宗教家がきれいごとを並べているな」と思うかもしれません。しかし残酷で悲惨な現実を経験してきた世界のそここで、本当にそのようにきれいな心で、愛と感謝と祈りをもって生きることがどれほどの忍耐力と意志と覚悟を要するものであるかを、私たちは考えてみる必要があるのではないでしょうか。

かつてお釈迦様の一族は皆殺しにされました。古代日本においても、聖徳太子の一族が皆殺しという運命を受け入れました。今回のサミットでも、インディアンの長老はじめ少数民族の代表者たち、チベットの僧たちが、歴史に残る虐殺や略奪を越えて力強く生きる姿を見せて下さいました。彼らは人間としての真実のあり方を示そうとしているのだと思います。

日本では「宗教」「神」「祈り」などと口走ろうものなら、「怪しい人じゃないの？」と言われかねません。しかし、世界では宗教や精神活動が人が生きる上での根本にあり、「いかがわしい」とか「怪しい」などという生やさしいレベルの問題ではないということを実感しました。どの宗教に生まれ、どういう信仰を持っているかは生死を決するような宿命ともなり、だからこそ骨肉の争いや、世代を超えて血で血を洗うような戦いの原因にもなるのだということを肌で感じました。

国際社会において、これから日本が大きな役割を担ってゆくであろうと予想されていますが、相手の「宗教」に対してどれだけの理解と共感を持って接することができるかが極めて重要な鍵となるのではないでしょうか。なぜなら、世界の人びとにとって「宗教」とは、遠い先祖から血の流れとともに連綿と受け継がれてきた民族や一族としてのアイデンティティーそのものともいえるからです。最近の日本での風潮のまま、「神」や「祈り」という言葉に眉をひそめたり軽んじたりしていていては、友好どころか対話さえも成り立たなくなってしまうでしょう。「神」や「祈り」は世界の人びとにとっては命を賭けるほど大切なものだからです。

今回、私は聖職者のみならず、一般社会にあって懸命に社会問題に取り組み、真摯な祈りと愛によって地球の平和を実現しようとする多くの人びとに出会いました。国連の職員、実業家、学者や研究者、各民族や各部族の精神的指導者……。それぞれが各人の置かれた立場や環境の中で、絶望的・悲観的な現状に留まることなく、より良い世界を創ろうと粉骨砕身、努力を重ねて前進しようとしていました。彼らの熱き思いと暖かさを前にして、人が生きるとはどういうことなのかを改めて考えさせられました。

木や水や森の獣ではなく、私たちは人として生まれました。

人は熱帯雨林を乱伐し、海を汚し、動物を絶滅に追いやるなどめちゃめちゃな狼藉を行いましたが、もしも自らの残虐さや愚かしさに気づいて心を改めれば、荒れ地を花園にしたり、禿げ山を緑涼しい森にしたり、焼けただれた戦場を平和で温かな故郷にすることができます。

鳥は鳥のように、魚は魚のように、花は花のように、あるがままで無垢な命を生きています。また、机は机、自動車は自動車、家は家の役割を果たしてくれています。ただ、人間のみがやりたい放題、自分勝手に生きることもできますが、逆に他の生きものたちの世話をしたり、世界をより良くするために、新しいものを創り出したりすることもできます。

自らの心に従って、破滅か蘇生か自分たちの歩む道を選ぶことができるのです。

　とくにこれまでの何十年かは、人間が自らの欲望を満たすためにお互い同士争い、他の生命を奪い、生命の源である母なる地球さえも汚し、傷つけ続けてきました。地球が様々な命を含んだ一つの大きな生命体なのだという真実が、まだまだ人びとの心深くには届かぬようです。自分だけの目先の損得勘定で、他者や地球に大きな負債を負わせ続けていることに気づかぬ人が何と多いことでしょう。私自身もそういった類の人間ではないかと恥ずかしく申し訳なく思われます。

　人よりも上に立ち、いい思いをし、楽をすることばかりが幸せではないはずです。しかし、自分の子どもには楽ないい思いをさせ、人の上に立ってほしいと願うのが親心というものでしょうか——。大切な子どもたちだからこそ、私たちは心して、子どもたちの心根を育てていかねばならないと思います。

　未熟で生半可な自分でも、自らこの一歩を踏み出さない限り、未来への希望をつないでゆくことはできません。目の前の荒れ地の石ころを取り、耕し、種をまき、水をやって花園を造っていくのは誰でもない、私たち自身だからです。荒れ地は私たちの目の前にあるのです。

第3部

虹のこころ

第1章　位山――大神様の復活

位山

二〇〇〇年十一月、国連平和サミットの報告書を書き上げて数日後、先生からお電話がありました。

「位山《くらいやま》に行って来たよ。凄いお祈りだった。国常立命《クニトコタチノミコト》を出してきたよ。もう大丈夫じゃないかな。日本は変わっていくと思うよ」

位山というのは飛騨高山にある聖山のことです。このお山に生息する一位《いちい》（櫟）の木から天皇のお持ちになられる笏《しゃく》が作られるほどの特別な位を持つお山なので、「位山」と名付けられているのだと聞いたことがあります。

十年ほど前、私も足場が悪くてぬかるみ続きの位山を登らせていただいたことがありますが、夏場でさえ山頂はずいぶん冷えました。まして今は冬です。健脚な者でさえ歩き難かった山道を、痛む足を我慢してどのように先生は登られたというのでしょうか――。

お供をされた方の話では、深夜、嵐のような大雨の中を、スキーのストックを二本、杖代わりに寄り掛かりながら、歯を食いしばって先生は登られたそうです。お祈りへの道行きの様子をずっと霊視しておられた方が次のように伝えて下さいました。

先生やご一緒された方々が皆、大きな十字架を背負われて手足には重い重い鎖をつながれて、雨風吹き荒れる中、山道を進まれているお姿が映りました。私は何とか鎖だけでも切れないものかと試してみましたが無理でした。……山頂へ着いても雨風を操る神々は阻止しようとする力を弱められませんでした。

これを聞いた時、私は涙が溢れました。重くのしかかる困難の中を一歩一歩進んで行く皆の姿が浮かんできて、たまらなかったのです。なぜ、ここまでして位山に登らなければならなかったのでしょう。それにはわけがあったのでした。

大神様の要請

「高山のＪさんが、僕に来てほしいと言ってくるんだ。彼は阪神大震災の時刻まで予知したり、宇宙での前世の記憶を持っていたりする人だが、そういう人のお願いだから何かあるなと思っていたら、やっぱり大きな仕事が待っていたよ……」
Jさんから先生に次のようなFAXが送られていました。

S先生、位山の大神様がいらっしゃいました。やはり先生にいらしてほしいと。……大神様の他に小神様が多数いて、その神様たちが大神様を追いやる、……まるで国常立様が高天原から追放された話みたいです。……うまく言えませんが、大神様の居場所がないように感じました。こうして書いている間も、何とか先生に来てほしいと、そうでなければ日本が、地球が……早く伝えてほしいと。
夜分すみませんがご連絡します。

どういうことかと申しますと、位山には大きな神様がいらっしゃるのですが、どうもたくさんいる小さな神様たちに封じ込められているようなのです。小さな神様たちは主に宗教の教祖様たちに力を送っているようです。もしも先生が位山に来て大神様を救出してしまったら、自分たちのしたい放題に出来なくなるので、先生に来てほしくないらしいのです。しかし一刻も早く大神様を救出しないと、このままでは日本が、地球が危ないという訴えなのでした。先生はおっしゃいました。

「位山の大神は国常立命の本体なのさ。大神を救出するということは、国常立命を出すということさ。これでなぜDさんとも出会わせられたのか、その深い意味がつながったよ」

Dさんとは、かつてS先生と私を出会わせて下さった大本《おおもと》教の先生です。

「この仕事を僕にさせるためにDさんと僕を出会わせたんじゃないかな。だって、大本教は国常立命をお祀りしているでしょう。それに、Dさんと出会ってからすぐ僕のところに大本教の本がたくさん送られてくるようになったしね。この仕事を僕にさせるために、出口王仁三郎《おにさぶろう》さんがDさんを僕のところに来させたのかもしれないね。そしてあなたもね。これでなおさんや王仁三郎さんに頼まれていたことも果たし終わったさ」

先生は大きく息を吐かれました。なおさんとは大本教の開祖である出口なお、王仁三郎さんとは大本教聖師、出口王仁三郎のことです。大本教の二大教祖と仰がれる二人の巨人から、国常立命様の救出をお願いされていらしたなんて……。目を見張る思いがしました。

大神様の復活

お供をされた方のお話では、位山でのお祈りを二〇〇〇年十二月二十日から二十一日にかけての深夜に決行したのは、二十世紀から二十一世紀への移行という意味もあったようです。その夜は凄じい雨と風、足元はもう道というより川のようだったそうです。何でも位山の大神様を追いやろうとしている多数の小神様たちが、先生を来させまいとすごく邪魔をしていて、ひどい悪天候にはなるし、霊はうようよいるし、凄い寒さだしと、最悪のコンディションだったそうです。横なぐりの雨の中、数名のお供の方たちと山頂に着かれると、何万というUFOや霊たちが集まって聖戦凄じく、宇宙から来たある神様が地球など滅ぼしてしまわねばならないと強く主張し、片やもう一方の神様は人類の改心と成長を見守ろうではないかという温かいご意向。大きな神様同士の意見の対立が繰り広げられて、もはやそれは納まりようがなく、親神様はこの場を先生に委ねられました。先生のお祈りが始まると、ようやく神様たちの激しい対立も鎮まってゆき、邪魔していた多くの霊たちも払われて、とうとう大神様が封印を解かれて復活なされたということです。その時の様子を霊視していた方が次のように伝えて下さいました。

先生の地球上の神には集めることの出来ない宇宙よりの気で、凄い破壊力ですが、静かに封印が解かれました。その瞬間に様々な神々が（善くない神々が）大神様に立ち向かっていきましたが、大神様の凄い気にはねのけられていました。……大神様は泣いておられたようです。先生には頭を深々と下げられて、言葉もないほどに感謝されておられるご様子で、やっとこれで働けること、役目が果たせることなどを誓われておられるようでした。

大本の啓示

「国常立命は復活したからね。いよいよ始まるよ。来年の二月頃から、大本教でいう〈三千世界の梅の花〉が開いてくるだろうからね。これで世の中もずいぶん変わっていくだろう。これでDさんと出会った意味、そしてあなたと出会った意味も成就したんだよ。あなたに関係のある大きな意味のある仕事の完成だったから、こうして話しているんだが……」

あっ、と私は思いました。国連での「ホピの預言」の成就に続き、このたびの位山では「大本の啓示」がまたしても先生によって成就されたのではないかと感じたからです。

「大本の啓示」とは、「三千世界一度に開く梅の花、艮《うしとら》の金神の世になりたぞよ。この神でなければ世の立て替えはでけぬ、三千世界の大掃除大洗濯をいたすのじゃ。三千世界ひとつに丸めて万劫末代つづく神国の世にいたすぞよ」という出口なお様の啓示のことです。

これは「本来この世を治めるべき〈艮の金神〉が悪神たちによって封じ込められていたからこのような乱れきった世の中になってしまったが、いよいよ封印を解かれて真の神である艮の金神が出てこられて、善悪を立て分けて正しい世の中につくり直していくぞ」という意味だそうです。

大本教法の第二章（発祥）には次のように書かれています。

『大本は、明治二十五年旧正月、京都府綾部本宮の地において、国常立命の神霊、艮の金神の御名により、開祖出口なおに神がかりまし、三千世界の立替え立直し、みろく神世の実現を啓示したもうたのに始まる』

大本教について正式に学んだわけではありませんから、「大本の啓示」について私が深く知ろうはずもありませんが、ご縁のあった大本の長老たちから聞いていたことが、今の状況に一致するように思えます。次のようなご神歌も思い出されました。

朝日は照るとも曇るとも　月は盈《み》つとも虧《か》くるとも
たとへ大地は沈むとも　曲津《まがつ》の神は荒《すさ》ぶとも
誠の力は世を救ふ　三千世界の梅の花……
神が表に現はれて　善と悪とを立別ける……

世の中の荒廃が進み、地球や人類が破滅に直面しているこの時に復活なされるとは、よほど凄い神様なのでしょう。でも、まさか自分自身がその神様の復活のシナリオの中に組み込まれていようなどとは思いもよらぬことでした。人の運命の不思議さと、謎の何と深いことでしょう。そして先生にはどこまで大きなお仕事が要請され続けるのでしょうか——。

「僕としては〈宇宙の五柱〉を建てて、仕事は終わりだと思っていたんだ。だけどその後〈九州・沖縄サミット〉があり、そのために世界一周の仕事や〈虹の館〉の神殿づくりがあった。その次はまた国連での仕事があり、このたびは高山のJさんを遣《つか》って国常立命を出すという仕事を僕にさせたわけだ」

Jさんから先生に後日、次のようなFAXが送られてきました。

二十、二十一日は本当にありがとうございました。

二十二日、位山の山頂付近は雪になり富士山みたいに見えました。しかし山の上の空は曇り、その中には神々様が大忙しで……たいへんなさわぎです。

二十一日に位山を出発された国常立様は、二十二日午後三時頃、世界の様子を見終え帰られました。また同じ時刻に親神様と国常立様が会話されていたように思います。

封印から解かれた国常立命様はさっそくお仕事にかかられたのでしょう。「これからはもう皆が覚悟しなければいけない時だよ」と先生がおっしゃいました。

私の全身の血がざわざわと音を立てたように感じました。国常立命様は大変厳しい方なのだそうです。だから、これからはもう甘えやごまかしが許されないのでしょう。生半可な私などはますますもって心根を正し、心して生きねばと思いました。

第2章　愛

富士山の爆発

二〇〇一年三月初旬、那覇で働くOさんからお電話がありました。Oさんは私が最も信頼している友人の一人です。

「いやあ、お久しぶりです。お元気ですか。……ところで富士山の件ですが、やはりSさんがご自分で受けられたみたいですね」

「えっ！」。一瞬、私は絶句しました。「Sさんがご自分で受けられた」とはいったい、どういうことなのでしょうか。

実は「二〇〇一年二月に富士山が爆発するだろう」という神様からのメッセージが複数の霊能力を持つ方を通じてS先生のところに寄せられ、日時まで指定されていました。詳しいことは存じませんでしたが、富士山の爆発を止めるために、先生はきっとどこかでお祈りなさるだろうと思っていました。だから爆発するだろうと予言されていた日が何事もなく無事終わった時、またしても多くの命が先生によって救われたのだと心の中で手を合わせました。

「Sさんは鹿児島で山に登ってお祈りされたらしいです。爆発しようとするエネルギーをその時ご自分で受けて、富士山の爆発を止めたらしいんです。それで沖縄に帰って来てから三日間、高熱で倒れてしまったということです」

先生が熱を出したということは、先日ご本人からうかがっていました。「結婚して以来、初めて熱を出して寝込んだので、女房が驚いていたよ」とおっしゃったのです。でもまさか、山が爆発するほどのエネルギーを受け止めておられたなんて——。生身の人間の体がそんなとてつもないエネルギーに耐えられるものでしょうか……。先生が生きておられること自体が大きな奇跡なのだと感謝せずにはいられませんでした。先生はご自分の体を投げ打って、多くの命を救おうとなさったのでしょう。私たちの知らぬところで、身内にも知らされず、命を賭けた凄じい祈りがなされていたのでした。

Oさんの言葉が続きます。

「ねえ、知っていますか。鹿児島から帰られてSさんが倒れている時、高山からJさん夫妻が来たのを。富士山爆発のエネルギーを受けたせいで高熱が出ていたにもかかわらず、それを押してSさんはJさん夫妻に会い、導かれたんですよ。その時、僕が送り迎えをしましたが、夜、夫妻をホテルまで送った後、Sさんが僕に何と言ったと思います〈Oよ、何で僕がJを沖縄に招待したか分かるか。……愛をもっと深く知ってほしいからだよ〉。Sさんは自分が疲れ切っていても、それでもまだ人に愛を与え、愛を示そうとされるんですよ」

私の頬に涙が流れていました。先生に愛を与えていただいたのはJさんばかりではないからです。

後日、Oさんのもとには J さんから、「Sさんから愛を学びました」という感謝のFAXが届いたそうです。

自ら愛を示す

私は先生の言葉を思い出しました。

「口で言うのは簡単だけど、実際、そのようにやれるかどうか。言葉と行動が一致している人は少ないと思わないか。口で言うよりも自らやってみせることだよ」

たとえば作業の時など、最初のころ私は、「女だし、プロのようにはいかないだろうから、ある程度できればいいだろう」などと甘く考えていました。ところが、そばで働いている先生の真剣さは、いつも恐いほどでした。その真剣さが初めはとても不思議に思えました。しかし、やがて私も精魂込めて真剣に働くようになっていました。慣れないせいで仕事のはかどらない私のそばで、痛い足と疲れ切った体を引きずるようにして働かれている先生を見ると涙が出てきて、少しでも先生に休んでいただきたくて一生懸命必死で働かずにはいられなくなったのです。

ある時、前日植えた「虹の館」の前庭の芝生の色が悪いので、もっと緑の生き生きした芝生に植え替えることになりました。近々いらっしゃるお客様にみずみずしい緑の芝生を歩いていただくためです。

その前日、私は初めて本格的な芝生の植え方を先生に習いました。お祈りの旅から帰られたばかりでとてもお疲れのご様子なのに、また恐いほどの集中力で作業に取り組んでおられました。せめて肉体労働は周囲の誰かに任せてはと思うのですが、先生はよほどのことがない限り、ご自分の方から頼むということはなさいません。「私たちにもせめて何かさせていただきたい」という真心が通じた時、お手伝いさせていただけるようです。

足も痛く、体を支える余力も残っていらっしゃらないのでしょう。その場に座り込んで土を掘り、弱った体で這うようにして、土地の傾斜や水はけの具合などを見定めながら入念に仕上げてゆかれます。体が辛いからといって決して手を弛めることなく、ますます精魂込めて働かれていたのです。

そんな作業の翌日でしたから、それを植え替えると聞いた時には驚きました。旅の疲れに加えて、昨日の作業の疲れも残っているでしょうに、まだ力を振り絞って働こうとなっています。

いざ植え替えという時、「ああ、もったいない」と心が小さく叫びました。一方、先生はためらうこともなく、どんどん昨日の芝生をはがしていきます。労力を惜しむ気配さえありません。人様のため、神様のために、いつも身命を惜しまず最善を尽くされるのです。

私は芝生植えも二日目になり、作業には慣れてきましたが大変疲れていました。辛うじて目まいのする体を持ちこたえさせていたのは、少しでも作業をはかどらせて先生の仕事を減らしたいという気持ちでした。心の中で自分を励ましながら土を掘り、重たくなった木槌を振るうちに、だんだんと仕事が丁寧になっていきました。あまりにも疲れているので気力を振り絞って集中しないと倒れてしまいそうだったのです。細心の注意を払おうとするうちに、自然と一つひとつの動作に心がこもるようになりました。いつのまにか、芝生を丹精込めて撫でるようにしている自分がいました。もう作業が作業でなくなっていました。まるで自分の手が祈っているみたいだと感じました。いつのまにか作業の中に自分が消えていました。これが働くということなのだと思いました。

この日私が学んだことは、仕事に「心がこもる」ということの体感でした。仕事の中に自分が消え去った時、「自分の身を顧みる」という、その「自分」さえないのだと分かりました。いつも力を振り絞ってひたすら働かれる先生が、身をもって教えて下さったことでした。

Oさんの声が続きます。「ねえ美砂さん、僕たちはどうして人として肉体をもって生まれてきたんでしょう……。愛を知るためじゃないでしょうか。愛を知り、自分の知ったその愛を広げること――。それが生きるということじゃないでしょうか」。私は深くうなずきました。そしてチクリと胸が痛みました。妻としての愛も、母親としての愛も、私はまだ知らないからです。心の中にお釈迦様の言葉が響いてきました。

《地球を光の園にしていただきたい》

かつて九州のへそといわれる地で、ある神社にお参りして心に浮かんだ映像があります。それは一つひとつの勾玉を金の糸でつないで大きな輪をつくるというものでした。いま思えば、その金の糸というのは愛のことではないでしょうか。そして勾玉とは人の心であり魂――。生きるということは愛によってお互いの心と心をつないでゆくこと、愛によって皆がひとつながりの輪となること――。その大きな輪は母なる地球に巻かれた美しい首飾りであり、宇宙に輝くエデンの宝珠なのかもしれません。

第3章　カナリアのうた

カナリア諸島での地球救済計画

二〇〇一年四月十五日、先生が明日アフリカのカナリア諸島に出発されるというので、せめてお見送りなりともさせていただきたくて夕方お宅にうかがいました。ちょうどその日は清明祭《しーみー》の日で、お墓参りから帰られた先生が庭先で弟さんと談笑しておられました。私の顔を見ると快く迎えて下さいました。お二人は、先日先生がお祈りに行かれた北海道でのお話をされているところでした。

「北海道から神様が来られているのを知っているかな。アイヌの人たちが拝んでいた神様さ」

いいえ、と私は首を振りました。

「ずっと大昔、日本列島ができた頃、宇宙から最初に日本に来た神様だよ。この前〈位山《くらいやま》〉から出した神様よりもっと古い神様だ。

ああ、そうそう。一番最初に日本列島に降りて、日本の国をつくったんだね。大和の国は大陸から来た人びとがつくったとすれば、そのもっと前にはアイヌのような先住民が住んでいただろうからね。その人たちの神様さ。その人たちがだんだんと北海道のような辺境の地に追いやられるに従って神様の力が弱まり、とうとう封印されてしまっていたんだ。今回はアイヌの先祖を供養して、彼らの神様を出してほしいと頼まれたんだよ。初めは家族のために計画した旅行だったんだが、結局は神様の仕事をさせられてしまった。その神様が今こちらに来て、〈虹の館〉にいるよ」

この古い神様を大事に思っていらっしゃる愛情が伝わってきます。先生はまたいつものように、古い神様によかれと、あれこれ気づかっていらっしゃるのでしょう。大昔の神様が沖縄に来て何を思っていらっしゃるだろうかと、私は「虹の館」に想いを馳せました。

＊

先生は四月十七日にカナリア諸島に旅立たれ、四月二十七日に帰国される予定だそうです。私は、なぜカナリア諸島に行かれるのかを恐る恐るうかがってみました。

「〈地球救済計画〉だよ。〈虹の館〉で世界地図を広げていたら、地球を支える柱が一本足りないことに気づいたんだ。僕が何かに気がつくと、その後、すぐにそのことと関係のある場所へのツアーの案内が送られてくるんだ。今回はカナリア諸島というわけさ。

いつもそうだけど、神様から前もって、どこそこに行きなさいと言ってくるわけじゃないんだよ。僕の場合は神様が教えてくれないから苦労するよ。でも不思議なんだ。自分で考えていると、何かひらめいて自分で気づくんだよ。そのあと何かを介して神様からのメッセージが入るんだ。霊能者は神様が直接教えてくれるからいいんだよなあ……。

それに、親に言われないでもその気持ちを察することができるのが一人前というものじゃないか。もちろん小・中・高・大学と段階はあるけれど、他から言われて動くのではなく、自ら気づいて動くのさ。それが大人というものだろう。

前にも言ったでしょう。たとえ神様の言うことであっても、自分の心に聞いてそう思わなければ、僕は決して動かないよ。神様の言葉というのはその神様の意見にすぎないんだよ。たくさんいる神様のうちの、たった一人の意見さ」

神様からのメッセージを受けて先生は動かれているのだとばかり思っていた私は、びっくりしました。神様に対して受け身ではなく、むしろ自らメッセージを発しておられたのです。だから複数の方々から神様のメッセージを受け取っても、慌てることなくきちんと審神《さにわ》することができるのでしょう。

お暇《いとま》しようとすると思いがけず、神様の取り次ぎをされる女性からのＦＡＸを見せて下さいました。それによると、五月の何日かにポール・シフト（地軸移動）が予定されているとのことです。もしも先生がカナリア諸島に行かなければ、ポール・シフトは避けられない。もしも先生が祈ったならば、宇宙からの光が地球に降ろされ、その時には先日北海道で先生によって封印を解かれた神様が地球を巡って働くだろう、というような内容でした。先生はお供に人間ばかりでなく、神様も伴ってアフリカに行かれるのでしょう。もしかしたら海玉伊《ミタマイ》志命《シノミコト》様はじめ、日本の神々様もともなわれるのかもしれません。これまでに建てられた宇宙の五柱、そして日本に建てられている中心の柱、そしてさらなる七本目の柱を建てに行かれるのです。どうかご無事でお帰り下さいと祈りました。

愛を与え続ける神

先生が出発されて数日後、友人から電話がありました。

「先生は大丈夫でしょうか。何でも、地球があんまり汚れているので神様が帰ってしまったみたいなんです」

私は胸が圧迫されるように苦しくなりました。

「地球が汚れすぎている……」。分かっていたこととはいえ、せっかく出て来た神様さえ帰ってしまわれるとは……。まるで自分の心の汚れの責任であるかのように感じ、私は打ちのめされる思いがしました。先生がお祈りをして、その時、地球を光とともに巡るであろう神様は、それでは先生とアフリカへは行かなかったのでしょうか。先生の安否が案じられました。ご無事を祈るばかりでした。

＊

四月二十七日、先生が無事戻られたかどうか確かめたくて友人に電話すると、無事お宅にお送りしてきましたとのこと。ありがたく、神様に「無事先生をお返しいただきましてありがとうございました」と感謝しました。その夜、その友人からＦＡＸが入りました。旅の様子をずっと霊視していた方から先生に送られてきたＦＡＸでした。それは衝撃的な内容でした。

先生
お帰りなさいませ！お帰りなさいませ！　先生がご無事で何よりです。カナリア諸島でのお祈り、誠に誠にありがとうございました……。
先生が旅に出られている間、イヤな（？）映像ばかり浮かび、先生のことが気になって気になって仕方ありませんでした。
その映像を書かせていただきます。

「地球はもう助からぬのか……?!」

「地球はもう助からぬのか……?!」という言葉が宇宙から地球へ向かい、くり返していました。その内に水の清らかな一滴一滴が宇宙空間で落ちているのが映りました。そして多分地球だと思うのですが、空間に浮かび上がり、まるい玉が見えました。下は真っ黒で上は真っ赤な玉でした。

宇宙空間の清らかな一滴一滴が落ちていくと、分離していた黒と赤がまざり始めるのが見えました。この映像はこれで終わりで、次は先生の姿が映りました。太古の木々に囲まれた泉（池?）のような場所におられたのですが、先生がその泉の中心に入られておられました。その土地（木々や水）等に自らのエネルギーを分け与えておられるかのようでした。すっかり自らのエネルギーを分け与えられた先生のお姿は、髪は抜け落ち、ぬけがらのようになっておられました……。

北海道の大きな神様もその泉に入られているのが映りましたが……帰って来られたのですか?

今でも、先生の枯れたぬけがらの姿は映りますが……もしかしてトマトで命を（先生の）救われたのでは……という気がしますが……。

私に映ったものは以上でした。

もう言葉も出ませんでした。自らのエネルギーを与え尽くしてぬけがらのようになっている先生――。これまでにも「先生は見た目には普通だけれど、霊視すれば肉体は枯れたミイラのようだよ」と霊能力を持つ方から指摘されたことがありました。その時にはあまりに恐ろしくて信じたくありませんでした。しかし今回はひしひしと実状が伝わってきます。それに、「トマトで命を救われた……」とはいったいどういうことなのでしょうか。

後日、先生が話して下さいました。

「虹の館」の中に、先生はトマトを植えておられたそうです。そのトマトがたくさん実をつけたので、先生のもとを訪れる人たちに差し上げていましたが、カナリア諸島に旅立つ朝、その一つを鞄の中に入れたそうです。朝食代わりにしようと思われたのです。しかしすっかり忘れていて、カナリア諸島でお祈りする朝、そのトマトを鞄の中に見つけました。

「ああ、これを大地の神様に差し上げよう」。ふと、そう思いました。カナリア諸島は二億年前からのとても古い地層だからです。カナリア諸島でお祈りの場所を探すと、池のような泉のような、一面、苔に被われた湿地が見つかりました。そこにトマトをお供えして、お祈りをされたのです。

ＦＡＸに書かれていたのはその時の様子でした。先生はそこで、ご自分の命はなくなってもいいから、どうぞ地球を残して下さい、救って下さいとお祈りされたのではないでしょうか。ご自分の命のエネルギーを、すべて大地や木々や水などに与え尽くして、本当に絶命されかけた時、お供えされていたトマトが先生の身代わりになってくれました。先生の命。トマトの命。どちらも一つの命です。先生が地球のために自ら捧げた一つの命を、神様は一粒のトマトの命に代えて、救って下さったのでした。

「あのトマト、いま頃どうなっているんだろうね……」。まるで友達を思い出すかのように、しみじみと先生がおっしゃいました。

翌朝、友人が先生のもとに届いたＦＡＸを私にも送ってくれました。

先生

カナリア諸島の件等、各神様方にお尋ね致しましたのでお伝えさせていただきます。どの神様方も口を開こうとはなさいませんでした。じっと下を向いておられたり、涙が止まらずにおられたりと様々でした。

そんな中、海玉伊志様が重い口を開かれ、先生は太古より残る自然に想いを託された、太古から根を張る木々などに地球を守ってほしいと、人々が万が一にも滅びることがあっても、地球だけはその姿を崩さないように、木々が根を張り地球を守ってほしいと、自らのエネルギーをすべてその地へ注がれようとしたのだ、自らの命を捧げて、分け与えて地球を守ろうとされたのだとお話し下さいました。

他の神様が涙される訳が本当に良く分かります。多分深くは分かっていないと思いますが……。先生に対して本当に何と申し上げて良いのか言葉が見つかりません。先生の愛の深さ……。

先生が地球のことをどんなに大切に思っておられるのか、そこには地球や自然に愛を与え続ける神そのもののお姿がありました。たとえ自らはボロボロになり枯れ果ててさえ、わが子に最後の一滴までも与え尽くそうとする親の姿——。このお姿こそ、先生のお心そのものだと思いました。

トマトで一命は取りとめたとはいえ、すべてのエネルギーを与え尽くしてしまわれた先生。同時に、先生にエネルギーをいただいて、先生と一つになった太古よりの自然が、先生そのもののように地球を守っている、その深い息づかいが感じられるように思いました。

カナリアのうた

「〈隠しておいた場所をよく探したな〉と神様に褒められたよ」

次にお会いした時、先生がおっしゃいました。さりげなくおっしゃいますが、もしもカナリア諸島の重要性に先生が気づかなければ、いったいどんなことが地球に起こっていたでしょうか――。何も知らずに暮らしている私たちにとっては、毎日は自分自身が生きるための格闘ですが、その陰には命をかけて私たちを守って下さっている尊い祈りがあったのでした。

先生はまた、いつものようにお家で洗濯や作業に戻られていました。本当にいつも感心することですが、先生はたとえ旅から真夜中に帰ったとしても、翌朝早くにはお洗濯をしていらっしゃいます。目に見えぬ世界でどんなに大きなお仕事をなさってこられたあとでも、家に帰れば夫であり父親です。留守にすることが多い分、せめて家にいる時にはお勤めの奥様に代わってできる限りの家事をしてあげたいと思っていらっしゃるようです。

気がつけば先生が「カナリアのうた」を口ずさんでいました。

うたを忘れたカナリアは
うしろの山に捨てましょか

いえいえそれはなりませぬ
うたを忘れたカナリアは
柳の鞭で打ちましょか
いえいえそれはかわいそう……

先生が続けて歌われます。

こころをなくした人類は
宇宙の果てに捨てましょか
いえいえそれはかわいそう
こころを忘れた人類は
神の愛で包みましょう……

さりげない替え歌に込められた先生の想い、先生の愛。そして先生の覚悟——。私はじーんとして、涙が込み上げてきました。
こんなにも愚かな人類。お互いに殺し合うばかりでなく、他の生きものたちの命を奪い、母なる地球さえも息絶え絶えにまで傷つけてしまった私たち。私たちには「かわいそう」と言ってもらうだけの資格などあるのでしょうか――。

以前、先生にこんな話をうかがいました。

「ある時、宇宙会議で、地球のあまりにひどい現状に腹を立てた神様たちが〈地球なんか潰してしまおう〉と話し合いました。宇宙の多くの神様たちが地球の滅亡を決めようとしたその時、一人の神様が地球を潰してしまうことに反対しました。その一人の神様とは、宇宙創造神様だった――」

私たちの親神様。何と深い愛に私たちは守られていることでしょう。その親心に報いるために、今からでもいい、悔い改めた私たちの心を示したいと思わずにはいられません。地球を残してよかった、人類を残してよかったと親神様が喜ばれるような、そんな日の来ることを願って歩み続けたいと思います。

第4章　生きる

優しさ

私はやはり毎日、子どもたちの喚声や笑い声、そして魂の叫びの中で奮闘しています。子どもたちに私の出会った素晴らしいものや尊い心を伝えるには、生徒との語らいや授業、また私の振る舞いを通して、私自身が語り部となり、良き手本となることだと感じています。善意と真心を持った当たり前の人間として、子どもたちと語り合い共感し合うこと――。

時として弱肉強食の本能のまま、赤裸々に振る舞い叫ぶ子どもたちの中で、私はつくづくと思います。「能力のある人間より、心優しい人になってほしい……。人を責めたり虐げたりすることなく、思いやりや暖かさを与える人になってほしい……」

以前は子どもたちの現状を目の当たりにして、たった一人の子どもの心さえ変えることがままならぬのに、まして地球の現状をどのようにして変え得るだろうかと暗澹とした心持ちにもなりました。しかし今は、もしもたった一人でも、その心に真心の大切さを伝えることができれば、その一滴は地球全体に広がっていくのではないかと思えるようになりました。

「もしもたった一人でも真心を持った子どもが育ったならば、地球は救われるかもしれない……」。そう思えるようになったのは、S先生の真心が幾度も地球の危機を救い、その愛が人びとを救うお姿を見せていただいたからです。先生が救ってこられたのは目に見えるものばかりではありません。

先生と世界一周の旅をした友人が次のような話をしてくれました。

ルーブル博物館でのこと。世界の名作に皆が見とれて感心している時に、いったい先生は何をされていたでしょうか。ホールには手足のない像や、一杯矢の刺さった像が並んでいました。それらを目にされた先生は、目立たぬように「えい、えい、えいっ」と声を落として気合いをかけながら、手足のない像には手足を付けてあげ、矢の刺さった像からは矢を抜いてあげました。目には見えませんが、片っ端から可哀そうな姿の像たちを救っていかれたのです。先生にとっては、博物館の像でさえそのまま放ってはおけないのです。

「やっぱり僕らとは目の付けどころというのか、心が違うんだよね。また、どんなに素晴らしい建物を見せられても、人間の造ったものにはあまり興味を示されないんだ。皆が珍しい建物に感心している時に、他の風景を眺めていたりする。一方、道端に花が咲いているのを見つけたりすると、喚声をあげて喜ぶんだよ。本当に無垢というのか、純粋というのか……。蛇でも鳥でも虫でさえも、生きものが死んでいるのを見つけたら、土を掘って埋めて供養される。先生にとっては小さな生きものであっても、人間と同じように大事な命なんだろうね」と友人は感心していました。旅の先々で先生はそのように歩まれています。縁あるものを助け、命を慈しみながら……。

愛に生きる

S先生とご一緒した旅で見つけた言葉を、友人が教えてくれました。

「天にありては神といい、人にありては心という」

先生を見ていると本当にそのように思われます。最初、子どもたちを想う気持ちから発した先生の旅は、沖縄から日本へ、そして世界中へと広がってゆきました。同時に、先生のお心も祈りも、人間からすべての命あるものへ、鉱物をも含めた地球上のすべてのものへ、地球自身へ、そして宇宙にまで通じるほどに広がってゆきました。先生を見ていると、人はどこまで深く大きくなれるのだろう、どれほど純粋にきれいな心になれるのだろうと感心させられます。先生と出会って私は、愛というものが決して絵空事ではないことを知りました。それは自分を犠牲にしても自らを他に与え尽くす生き方であり、神の心を自らの心として生きる道でありました。

また、先生のつくられている聖地やご自宅ではいつも新しいものが産み出されています。先生の心に浮かんだものに神様からのメッセージが加わって、今あるものが手直しされ、新しくつくり替えられてゆくのです。先生にはいつも新しい構想が湧いておられるようで、つくられるものはどんどんと変化してゆきます。そうして神様の思いにより近いものをつくろうとなさっておられるのだと思います。

さらに、石ころだらけの痩せた土地の石を拾い、庭の片隅の荒れ地を耕して花園が造られ、皆の手作業で植えられた芝生が青々と育ってゆくのを見る時、まるで皆でエデンの園を造っているようだと思い、創造とは心を形にしてゆくことなのだと感じます。そして、それらに深い愛情を注がれる先生を見ていると、生きるとは創造することなのだとも実感されます。

利益や力のために神を求めたり、何かを自分が得るために生きるのではなく、自らを他に与えながらいつも周りを助け、光の園をつくってゆくこと――。そういう人を「マコトビト」というのでしょうか。なぜなら心こそ、私たちが神とともにいられる場所であり、愛と真心の中で、私たちは共に働かせていただけるのでしょうから。

青空のような愛

先日の卒業式で、生徒代表が次のように述べました。

「未来は雲の中、まだ見ることはできません。しかし、その雲の向こうに青空が広がっていることを、私たちは知っています」

人類の歴史が物語るように、人間の中には暗き心、弱き心、醜き心もあります。それらをしっかりと見据えながら、私たちはそこを乗り越えて行かねばならないでしょう。

「いったい、自分たちはどこへ行こうとしているのか、地球や自分たち自身をどうしたいのか」

それが明らかになる時、私たちは自分を変えずにはいられないでしょう。心改めて心の曇りや心のフィルターがきれいになる時、そこには神の心そのもののような青空が広がっているのではないでしょうか。その愛は私たちが気づこうと気づくまいと、感謝しようとしまいと、ずっと初めから私たちとともにありました。なぜなら、愛こそが私たちの産みの親だからです。

心の雲に閉ざされた自己中心的視点から、雲を突き破って自らを他に与える生き方に変わる時、私たちはその光に出合うのではないでしょうか――。子どもたちの生きる未来はそんな光の園であってほしいと思います。

金の糸で結ばれた仲間

先日、私は一人の生徒に教えられました。ふと、「先生はこんなところがダメなんだよね」と弱音を吐いた時、即座に言葉が返ってきました。

「そんなこと言わなくていいよ。ダメだったら、いま変えればいいさ」

はっとしました。そうか、自分自身も新しく創造されてゆくんだ。古い自分であり続けなくていい。ダメなら今、即、脱皮すればいい！

光の園に生きるには、絶えざる努力と自己変革が必要でしょうが、諸々の苦労で曇りがちな自分の心を力強く押し開いて、夢に向かって歩みたいと思います。一人ひとりは小さくても、私たちは金の糸で結ばれた仲間同士であり兄弟姉妹。声を掛け合って、手を取り合って、このエデンの星を抱く大きな輪になろうではありませんか。心でつくる大きな輪で、共に母なる星を抱きしめましょう。

第5章　こころの行方

地球の未来

二〇〇一年十二月十日、ノーベル平和賞百周年の授賞式において、国際連合とアナン事務総長に同賞が贈られました。世界平和や国際テロ、エイズ対策などに貢献した実績を讃えられてのことです。アナン事務総長は受賞演説で、「二十一世紀の国連の使命は、人種や宗教を問わずすべての人間の尊厳をもっと重んじることだ」とし、「新世紀の国連の三つの優先課題は貧困の根絶、紛争の防止、民主主義の促進だ」と述べました。そして「貧困根絶、紛争防止、疾病対策などの国連の目標は達成可能であり、様々な国家や理想のもとで助けを求める個々人に応《こた》えることが新世紀の国連の使命だ」と訴えました。

私の心に「ミレニアム世界平和サミット」、あの国連での四日間が蘇《よみがえ》ってきました。あのとき集い、高められた自覚と決意は、今も世界のあらゆるところで生命の危険を冒して働いておられる人びとの原動力になっているのだと実感されました。

この日の約三カ月前、ニューヨークの世界貿易センターが崩壊しました。二〇〇一年九月十一日。それはまるで力と繁栄を誇る現代文明の頂点に建つバベルの塔が、一挙に打ち壊される瞬間のように思えました。繁栄という名の幻の豪華客船の中、絶体絶命の危機とも知らず、栄華を夢見ている人類に対する強烈な警告であるようにも感じられました。あたかも自分自身の心が崩壊していくような衝撃――。

またそれに続くアフガニスタンの戦火は、もはやどこか遠い国での出来事とは思えず、私たち自身ののどかで平和な暮らしに爆撃を受けるような痛みを感じた人びとも多いのではないでしょうか。さらには、イスラエルとパレスチナの対立にも油が注がれ、憎しみの火が吹きはじめています。

私たちの地球はいったい、どうなってゆくのでしょう……。「報復」や「正義」の名のもとに殺戮や戦争が正当化され、多くの地域や国々を巻き込んで、戦火が地球全体に広がっていくのではないかと懸念されます。混乱や恐怖の中、先人たちが苦労して築き上げてくれた平和な社会の枠組みや良識まで、私たち自らが壊してしまうのではないかと心配です。私たちの先祖がかつての戦争で払った尊い犠牲は、いったい、何のためにあったのでしょうか――。

「地球はひとつ」

先日、ミハイル・ゴルバチョフ元ソ連大統領が沖縄を訪れました。二〇〇一年十一月十四日、市民や財界の方々を前に、「……私は軍事力で平和を維持できるとは信じていない」……「世界の人、みんな神がつくった人びとです」……「民主国家でも大国家でも、他国に自分のモデルを押し付けず、各国の文化や歴史を考慮しなければならない」……「軍事力がすべてではない。対話と交流が大事だ。新しい世代を育成することが平和で安定した社会を築くことになる……」と、熱く語られたそうです。そして「人類は幾つに分裂しても地球はひとつだ」という信念を掲げていかれたと聞きます。

これまで人類を幾つにも分け隔て、大地を幾つにも分割してきたのが人間の欲だとするなら、分断されていた人類を結び直し、これから「地球はひとつ」に戻してゆくのは人間らしい心ではないでしょうか。優しさ、思いやり、感謝、真心……。そういった人間らしい心が、今こそ必要に思われます。動乱の国際情勢や世の中にあって、混乱した人びとの心や戦火を治めるには、政治的なかけひきや高度な経済的手腕が求められるでしょうが、どんなに高度な技もそれをなす人間の心が元となります。人類の真心と決意を代表して、今、まさに国連がリーダーシップを発揮されているように思えます。

爆撃や処刑の場面がテレビ画面に映し出され、「報復」「処刑」「テロ」といったリアリティが身近なものとなってしまった昨今、子どもたちの心は無意識のうちにも、いったい、どのような影響を受けているのでしょうか。子どもたちの将来が案じられます。私たちは子どもたちの心を、そして私たち自身の心を守っていかねばなりません。今こそ、あたりまえの人間としての感覚や暮らしを大事にして、人間が生きることの原点とは何なのかをしっかりと見据えねばならぬ時だと思えます。

先日、私は、孫の頭を撫でながら、「ちゅうなれよ（人になりなさい）」と言って育てたという、ある沖縄のおじいさんの話をうかがいました。昔、沖縄の人びとはほとんどが貧しく、お金をつくるために、子どもを売らねばならないような時代があったそうです。そのおじいさんも、七人の子どものうち六人を売りました。おじいさん自身も幼い頃、貧しさゆえに人買いに売られ、学校に行くことができませんでした。そんなおじいさんが孫に教えたこと、それは「ちゅうなれよ」ということでした。

「人という字を見てごらん。人という字はお互いに支えられてできているだろう。私が人であるなら、それは多くの人に支えられているということだよ。おまえは人であるから人を支えることができるよ」。自分の名前さえ書くことができなかったおじいさんは学問を重んじましたが、可愛い孫には、「ちゅうなれよ。学問することは素晴らしいが、頭だけではダメだよ。心がいちばん大事だ。心ができなければ、人でなしになるよ。人になりなさい」。そう繰り返し諭したということです。

「心の時代」「心の教育」と盛んに言われるようになりましたが、先人たちの残してくれた尊い教えを私たちは心の糧にしてきたでしょうか。現実の波は果たして「心」へと向かっているでしょうか。

私たちの地球はどうなっていくのでしょう……。それは私たちの心の行方でもあります。これまで私たちはあまりに大きな責任を人任せにし、自分の犯した過ちさえ、誰かに償わさせてきたのではないでしょうか。

政治、教育、環境問題。社会のどこにおいても、他者を責め、今の状況を嘆くばかりではどうしようもありません。勇気を持って現実を見つめ直し、自分に何ができるのかを見つけて実践してゆけたらと思います。わずかなことであっても具体的に行動してゆくならば、自分自身にも周りにも、善き方向への変化が起こってくるのではないでしょうか。どんなに些細なことでも、真心が込められる時、それはもう同じ現実ではないと思います。真心によってそこには新しい命が吹き込まれています。たとえ苦しく砂漠のような現実であっても、他者を責めたり誰かに頼らずとも、自分自身の真心や祈りで、その状況が和らいだり、時には苦労が感謝に変わっていくことさえあるのではないでしょうか。また、たった一人の真心が誰かの危機を救ったり、多くの命を守ったりすることもあるでしょう。

少しずつではあっても、その変化が積み重なり、やがては大きな流れになるかもしれません。

一人ひとりの真心の灯が少しずつ現実を変えて、社会を良くし、未来を良き方向へと導く原動力となっていくことを信じたいと思います。自分たちにできる最良のことを模索しながら、できることを誠実にやり続けてゆきましょう。

第6章　未来を背負って

高野山へ――明かされる実像

二〇〇〇年十二月二十一日、数名の沖縄の仲間たちとともに、先生は高野山へお参りするため沖縄を飛び立ちました。関東からはTさんと神の言葉を伝えて下さるEさんが駆けつけ、大阪からはPさんが来て運転手を務めて下さるそうです。

なぜこの時期に高野山かと申しますと、まず先生の親心なのでした。

「Iたちは前から高野山に行きたがっていたから、何とか今世紀中に彼らを高野山に連れて行って案内してやりたいんだ。〈虹の神殿〉づくりの時、彼らはずいぶん頑張ってくれたし……」

また、最近こんなこともあったのです。ある時、先生のお宅の庭に白と黒の犬が入って来ました。このようなことは今までにはなく、何か意味があるのだろうと思っていたところ、神様の言葉を伝えて下さる方を通じて《空海様がS先生にお礼を言いたがっている》

というメッセージが伝えられました。なるほど、かつて高野山に分け入った空海様の道案内をしたのが白と黒の犬でした。その二匹の犬は、実はその地の地主神の化身だったと言われています。

いつものことながら、先生はまず自分が一歩も二歩も下がられるというお心づかいをなさいます。空海様に来ていただくよりは自分の方から参りましょう、とおっしゃって、高野山行きを急がれたのでした。

十二月二十一日は平日で学校は休みではなく、私はご一緒できませんでしたが、南国育ちの仲間たちが、雪降り積もる高野山を踏みしめているかと思うとうれしさが込み上げてきました。生まれて初めて雪に触れる人もいるかもしれません。

数日後、その様子を霊視しておられた方が、そこでの模様を次のように伝えて下さいました。

空海様を中心に真言宗の歴代の偉いお坊様方が出て来られて、先生方をお出迎えされておられました。皆、ミロク様を拝見できるのはこの時だと、物凄い喜びだったようです。

空海様は泣いておられました。先生の真心と、先生のお体のこと、今までの様々なことが入りまじった涙のようでした。

何ということでしょう。もしやこれは、「高野山に弥勒《みろく》様が現われる」という予言が成就したということではないでしょうか。私の心が畏れと感動で震えました。

その昔、高野山には、「未来、高野山に弥勒様が降りられる」という予言が伝えられていたそうです。Eさんが目に見えぬ世界を霊視すると、S先生が参道を歩くと弥勒様を何百年も待っていたたくさんの高僧たちが出て来られたそうです。沿道にはこれらの立派な高僧たちがひしめいて、涙を流しながら弥勒様のご一行を迎えられたということです。

長い間、待ちこがれていた弥勒様にとうとうお目にかかれたのです。お坊様方の歓喜を思うと、私まで熱い涙が湧いてきました。国連での「ホピの預言」の成就、位山での「大本の啓示」の成就、そして高野山では「弥勒示現」の予言が、またしても先生によって成就されたのでしょうか。

かつてある方が、S先生についての神様からのお言葉を次のように伝えて下さいました。

ミロク様の「光が今からより多くの人びとにさすであろう」……ミロク様は「その光を心の芯に受け止めた時に姿を表わす（名を表わす）ものである」と、姿をかくされて名前も明かさずにいても、人びとが気づいていく先生の別の名前だと改めて語られました。

ある人は先生を「白い人」と言います。ある人は「救世主」と呼びます。また、目に見えぬ世界でも、このように「ミロク様」と崇められるお方。しかし、人からどう呼ばれようと気にかける様子もなく、先生はひたすら地球のため、人類のため、大自然のために働いておられます。

九本目の宇宙の柱

今ごろ先生はどうしていらっしゃるでしょうか――。たしか九本目の宇宙の柱を建てるため、南極大陸に向かおうとしておられるはずです。船で十日あまりの旅。これから本格的な地球の浄化が始まる前に、どうしても宇宙の柱で地球をしっかりと支えておかねばならないのだそうです。取り次ぎの方から先生に次のような神様のお言葉が伝えられました。

宇宙の神様は地球体を崩さないようにするために柱を建てられることを望んでおられます。表面が崩れてしまっても芯さえ残っていれば再成できるのだそうです。そして宇宙全体のバランスの崩れを最小限に留めることができるのだそうです。
地球の裏の神様にもお尋ねしましたら「地球がなくなってしまうのは宇宙の軸を無くすに等しいこと、私は今の地球はダメだと言っているだけで地球そのものを滅したいわけではない、ただ時間が足りないように思うが……。地球体そのものが危ない。地軸が急速に弛んできている。そなたの建てる柱がその地軸の弛みを食い止める事ができるか、その前に地球体がもつかどうか、どちらが早いか――。今は地球体のことを考えよ。全宇宙規模で考えよ。

一九九九年七月七日からこれまでに、先生は地球の各ポイントに計八本の宇宙の柱を建てられてきました。そして、とうとう最後の九本目の柱を建てる時がやって来たのです。神様からは次のようなお言葉がありました。

今、宇宙はじまって以来の大きな岐路にある。何も持たず、身一つで南極へ向かうがいい。時期はすべて、そなたに任せる。

このたびはお供も連れず、何も持たず、身一つで先生は南極に向かおうとしておられます。「何も持たず、身一つで」ということは、何を意味するのでしょう。それは、「もう身代わりはないぞ」ということではないでしょうか。先日のカナリア諸島では、トマトが身代わりになって先生の命を救ってくれました。しかし今回は、先生の命と引き換えになる、身代わりは何もないというのでしょうか――。

先日、先生がおっしゃいました。

「この前、家でネズミが死んでいたよ。〈ああ、僕の身代わりになって死んだなあ〉と思ったよ。僕はネズミ年生まれだし、そこは僕が子どもの頃、寝起きしていた部屋だったからねえ。しかもその日は、最初に僕が南極に行こうと予定していた日だったんだ。都合で出発は一月十七日に延期したけどね」

まるでご自分の死を予感されているかのような静かな口調です。旅立ちの前に、先生が死を暗示なさるのは初めてのことです。私は涙が溢れてくるのを抑えることができませんでした。

＊

私は自分の心に問いました。

「先生と出会わせていただいて、私は芯から変わったろうか。少しでもいい人間になったろうか。先生の愛に触れた人びとの心は、少しでも良い方向に向かっただろうか。先生の命がけの祈りで何度も危機を救われた人類は、自ら立ち直る意思を持っただろうか。目覚めを果たしたろうか――

私の心は問い続けます。

「私たちのいただいた愛に応えるために、私たちは何をすればいいのでしょう。命をかけたお祈りに、どうしたら報いられるのでしょう。

先生、絶対にご無事にお帰り下さい。

神様、どうか先生を無事にお帰し下さい。

私たちにできることは何ですか。どうかそれを私たちにさせて下さい」

第7章　神々の告白

新年の教え――「考感」「思感」「神感」

二〇〇二年一月三日、私は友人たちと新年のご挨拶に先生のお宅にうかがいました。少しでも多くの時間をご家族水入らずで過ごしていただきたくて、今年はご遠慮しようとしたのですが、「時間がないから今日いらっしゃい」とお声をかけていただいたのです。時間がないという言葉が胸に迫ってきます。

お宅では新年の祝いのごちそうが並べられ、奥様が温かく勧めて下さいましたが、かしこまって、お茶をいただくのがやっとの思いでした。例年なら一月三日にはもっと仲間たちが集まって新年を祝うはずなのですが、今年はそれどころではありません。言葉少なになってしまう私たちを前に、先生が語って下さいました。

『こんなこと考えたことないかなあ。人であることがどれほど恵まれたことかって……。人間には五感があるでしょう。見えるということ、聞けるということ、触れるということ、味が分かるということ、匂いが分かるということ。なぜそういうことができるんだろうなんて、考えたことはないかなあ。僕もこれでもう死ぬかもしれないと思って、初めてこんなことを考えたんだけどね。

人間には五感があると言われるけど、僕はもっとあると思うんだよ。たとえば、頭で考える「考感」とか、心で感じる「思感」とか。それから頭も心も働かさないで、何も思わず、何も考えないでも、自然に体が動いている時があるよね。たとえば僕は以前、体が自由に動かせた時には、ゴミが落ちているのを見ると考えるより先に体が動いてゴミを拾っていたものだし、たとえ外国であっても荷物を持って重そうな人がいれば自然に荷物を持ってあげるように体が動いてしまったものだよ。まるで神様だったらこうするだろうなあというそのままを、考えないでやってしまっているんだよ。宇宙の法則通りに動かされるとでもいうのかな。これを何と言ったらいいだろう。考えないでも動いてしまうんだから「神感」とでも言えるだろうか。こう考えてみると、人間には五感に加えて三感、併せて八感あることになるね。人間が死んだ時には五感はなくなって、三感だけになるんだろうね。とすると、生きている時にはどれだけ有利かが分かるよね。たとえば、足が八本あるのと二本しかない違いのようなものかな。

いくら神様であっても、人間のように触ったり味わったりはできないのだし、いくら神様がしゃべっていても人が聞いたり見たりできないしね。人間であるということは本当に恵まれているよね。そのことをヘレン・ケラーが教えてくれていたんだろうね。

沖縄にいて美しい自然を見ていると、このまま地球がずっと続いてほしいなあと思うねえ。だけど世の中を見ていると、このままでは済まされないだろうなあ。だって今の世の中、景気や経済発展の話がいちばんの関心事で、地球を壊す方向に先頭きって走っている人たちが偉いと言って褒められるんでしょう。地球のエネルギーや資源のこと、人口のことを、頭で考えて計算したって分かるはずなのにねえ。このままでは絶対に地球が持たないってことを。分かっているけど、目先のこと、自分さえ良ければと思っているんだろうなあ。世の中を見ていると、一刻も早く地球を病気にして壊してしまおうとしているみたいだよね。もし僕だったら、何とかして地球を長持ちさせようとするだろうけどねえ。

考えてごらん。仮に皆が雪山で遭難し、山小屋に非難したとしよう。外はいよいよ激しい悪天候になってきた。寒いけれど、何とか明朝までは持ちこたえなければならない。そこで誰かが言った。「火を燃やそう」。彼は小屋の木の壁をはがして、焚き火にした。少し暖かくなったようなので、皆は彼を「頭がいいねえ」と言って、次から次に小屋の壁を壊しはじめた。そしてどんどん火をつけて燃やしてしまった。気がついた時には、小屋は崩壊していた。風雪を凌ぐシェルターをなくした人たちは、明朝まで生き延びることができただろうか。もしあの時、寒くても小屋の中でそのまま耐え凌いでいれば、全員が凍死することもなかっただろうに。

今の世の中は、こんなふうだと思えないかな。その時のことばかり考えて、先々のことを考えないような人を、現代人は頭のいい人、偉い人と言っている、凄い文明じゃないか。感心するよ。

地球のエネルギーのことを、地球の人口の一〇パーセントの人たちさえも本当に考えているだろうか。頭では知っているし、分かっているのだろう。しかし、本当に考えているならば、もっと動いているはずだと思うよ。

地球は人間だけの地球じゃないのにねえ。

それに、こんなことも感じるんだよ。誰か本当に宇宙の偉大さや心を分かっていたのだろうか。それがもしも本当に分かっていたら、宗教などつくれないんじゃないだろうか。宇宙の真理は形に表わせるものではないんじゃないかなあ。それでは無が有になってしまうから。鏡や十字のマークも、誰かが宇宙の真理を表わそうとしてできたんだろうけど、どのような形であれ、宇宙の真理は表わし切れるものではないと思うなあ。だから真理は人からは学べないと思うよ。人は形で伝えようとするからね。だけど、それは形や言葉で伝えられるようなものじゃないから、もし、人から形を習って形を真似て、その形を百年やったとしても真理には到達できないだろうなあ。形に捉われて、そこで止まってしまうだろうからね。

そういうことを僕は伝えたいんだよなあ。考えてもごらん。古代、人びとは特別な衣装や祈り方を考えてお祈りしただろうか。衣装や作法ができたのは後のことで、もともとはそのまま自然に月や星、宇宙と交流していたんじゃないのかねえ』

先生の真剣さが、静かではあるけれど、私たちがまだまだ形に捉われていること、形や言葉を知っているだけで真理を理解していないこと、頭の中での思考止まりで、考えて動いていないことに気づきなさいと、強く叱って下さっているようでした。先生の最後の旅だといわれている南極行きを前にして、何とか私たちに歩むべき地平を示そうとして下さる熱い想いが、ひしひしと伝わってきました。

宣告

お暇《いとま》しようとする私に、先生が何かのコピーを渡して下さいました。それはある方を通じて送られてきた宇宙からのメッセージでした。

「あなたが年末実家に帰っている間に、いろんなことがあったよ。これは十二月三十一日に、主《おも》だった人たちに送られたFAXのコピーだよ。これは家に帰ってから読みなさい」

そう言って手渡して下さる先生のお声から、これはもういよいよ覚悟しなければならないのだと、全身の血の流れが停止してしまったように感じられました。

そこには、先生にとって南極の旅が最後であること、今回は、もう生命体（肉体）は、日本に帰って来られるかどうか分からない。八割は無理でしょう、と書かれていました。そして、先生の肉体は二年前にすでにボロボロの状態であり、今現在の肉体年齢では百二十歳以上、見た目は普通かもしれないが……と書かれていました。そして、「何と言っていいやら、もし自分自身であれば寝たきりで動くこともできないであろう。周囲の人たちは本当に分かっているのですか？　先生の状態を！（私はいつも、もうやめて下さいと思うばかりです）」と怒りが記されていました。そして、《地球の神々へ。最後、本当に最後、Sに力を貸しなさい。南極へ行くことができるように。今のままでは心臓が止まる。南極へ旅立つ前に》と続けられていました。

これを読んで、私はその場に凍り付いたように立ちつくしていました。この予言を何とか変えられないものか、現状を変えるために何とかできないものかと心の中でもがき続けるのですが、思いを巡らせてみてもどれも的を得ていないように思えて、私などの立ち入ることのできない畏れ多い核心があることを感じさせられるのでした。

あとでお聞きした話ですが、この通信を読んだ男性の一人が感極まり、涙を流しながら先生に聞いたそうです。

「あなたは世の中のためにそんなにも働いていいことをしているのに、どうして命まで取られるというのですか」と。先生は答えたそうです。

「そりゃ、人から見たら僕はいいことしてるだろうな。だけど、宇宙から見たら僕はとんでもなく悪い奴なんじゃないのかなあ。だって、地球を壊し続けている人びとを助けようとしてきたんだから、過保護というのか、とんでもない大罪人だと思うよ」

そう分かっていてさえ、人びとを何とか救おうとしてこられた先生。お身体がボロボロになるまで、働き続けてこられた愛の深さ。

突然伝えられた「宣告」のような通信は、仲間たちに大きな衝撃と、「今、自分たちが立ち上がらねば」という強い決意を与えたのでした。

結婚という学び

二〇〇二年一月六日、沖縄の仲間であるIさんとRさんの結婚祝賀会を兼ねた新年会が開かれました。S先生に真心を学ぶ仲間たちが全国から集まりました。本当に近しい二十一名です。先生とそのご家族を加えると、ちょうど男性十一名、女性十一名になりました。

実はその前日、Iさんからお電話がありました。

「せっかく準備していただいて申し訳ないのですが、結婚祝賀会は取りやめにしてほしいんです。その代わり新年会ということに変えられませんか。僕たち夫婦を祝ってくれる皆さんのお気持ちはうれしいのですが、先生のお気持ちを考えると、とても祝賀会などできませんよね。会の最初に僕がきちんと新年会ということでご挨拶しますから……」

祝賀会の司会を頼まれていた私は、内心ほっとしました。心から友達の幸せを喜んでいるのですが、華やかにお祝いできるような心境にはなれなかったからです。皆、同じ気持ちでしょうからそのようにしましょう、普段では集まりがたい仲間たちが集まるのですから、今までにない新年会になるでしょう、と話し合いました。

＊

しかし翌日、また急拠、結婚祝賀会もやることになりました。会場に先生とご一緒に、先生の御家族もお祝いに来て下さったからです。それでは仲間たちがしんみりするわけにもゆきません。第一部は祝賀会、第二部は新年会という段取りになりました。

祝賀会は和やかに進行し、最後に先生がお祝いのスピーチをして下さいました。

「正直言ってほっとしています。Ｉさんは二十一世紀を無事に迎えるまでは世の中のために働くんだと言って結婚しようとしませんでした。あんたはいいかもしれないが、親が可哀そうだよ。早く安心させてあげなさいと言ったり、男に結婚適齢期はないかもしれないが、彼女の方は年を取って子どもが産めなくなってしまうよと言ったりして、僕もずいぶんきつく何度叱ったかしれませんが、それでも結婚には至りませんでした。これでやっとほっとしました。

夫婦といえば、皆さん、沖縄にもアダムとイブの話があるのを知っていますかね。こんな伝説です。

昔むかし、沖縄の古宇利島というところに男の神様と女の神様が住んでいました。二人は何不自由なく暮らしていました。毎日、天から餅が降ってくるので、それを食べて、あくせく働く必要がなかったのです。

そんなある日、二人にある心が生まれました。妻が夫に言いました。〈ねえ、あなた、もしも天から餅が降ってこなかったらどうしましょう〉。初めて天を疑ったのです。二人は相談して、餅を半分だけ食べることにし、残りの半分は蓄えることを思いつきました。

さてその翌日、いくら待っても餅は天から降ってきませんでした。次の日もその次の日も、何も降ってはきませんでした。二人が天を疑った時から、もう餅は降ってこなくなったのです。

この話のように、人は本来自然に生かされていて、自然からの恵みで生かされるようになっていたのかもしれません。ところが、人間がある知恵を持ってしまった時から、その自然を壊すか何かして、人間が本来、自然から得られるようになっていたものを得られなくなり、働かなくてはならなくなったのでしょう。

さてIさん、今は何よりも早く子どもを三人ぐらいつくって、親を安心させてあげて下さい」

会場に笑いの輪が広がりました。

「ただ技だけを磨くには独身がいいのかもしれませんが、人としての道や心をつくるには、結婚して子育てをすることだと思います。子どもを持って、子育てしてみて、初めて親の苦労が分かるものだし、子育てを通して人間の芯のようなものができてきますから。人としての芯をつくることがとても大事なんですよね。

たとえば富士山に登ったとしましょう。自分一人で登った人と、子どもを二、三名連れて登った人とでは、ずいぶん体験に開きがあるでしょう。子どもを持って育てるということは、子どもを背負って山登りするようなもので、すごいハンディを負うことです。ハンディを負いながら、人間の思いやりやら忍耐力、子どもを庇《かば》おうとする強さや体力までがつくられていく、人間の芯ができていくんですよね」

技だけを磨こうとする者には不利となる状況が、人としての心をつくり磨こうとする者には成長の糧となる――。何だか家庭の事情も職場でのあれこれもありがたく思われてきます。

伝説にあるように、世界の西でも東でも、昔のアダムとイブたちはある知恵を持ったために間違いを犯してしまったということですが、これからの私たちは破綻のない心の道を歩んで行きたいものです。邪心を持つこと、天を疑うこと。日常生活に何気なく潜む心の陥穽《かんせい》を、お互いに気づかせ合える仲間であり、夫婦であれたらと思いました。

肉体という重荷

祝賀会が終わり、休憩をはさんで新年会が始まりました。計画では、先生の体調が許せば、皆にお話をしていただくようお願いしてありました。会の初めに先生がおっしゃいました。

「昨日、Eさんを通じて空海様とお話ししていて、初めての経験ですけど、今日の新年会で直接みんなにお話ししてくれませんかとお願いしました。というのは、実は先だって中国に行った時、空海様も同行されていて、〈ああ、みんなにも聞かせたいなあ〉と思うような話をしてくれるんですよね。〈いやあ、本物の法を説いているなあ〉と思いまして、ぜひこのような時に法を説いてほしいと思ったのです。空海様の許可を得ましたので、あとで皆さんに教えを伝えてくれると思います。

人間は生きている時、どんな人でも肉体を持っている人というのは〈我〉があるんですよね。自分というものがあるんです。生きている時は〈我〉との戦いですよね。よく金銭的な欲を断ち切った時に、人は自分には欲がないと勘違いすることが多いですが、カネ、カネと言わないわりには名誉をほしがっていたり、あるいは超能力やとんでもないものをほしがっていたり。無欲というのは、本来ならばそういうものは出て来ないはずですけれど、しかし生きているといろいろな欲を持ちますね。

それに、肉体を保持しなければなりませんから、肉体の糧を得るために仕事をして、お金を得てゆかねばなりません。そしていつのまにか、それが主になってしまったんですね。人間にとって、肉体を養うことが主ではなく、本来は付随だったのに。人は本来、食物を得るために働くよう天から降ろされたものじゃないけれど、いつのまにかそういうふうになっていったんですねえ。

人は糧を得るために働くだけの存在ではありませんが、人が肉体を持っている間はそれに翻弄されて、魂を磨く、心を磨くといった本来の目的を見失いがちになってしまうんですよね。しかし人間が肉体をなくすと、食べる心配をしなくてよくなる。魂だけになって自我がなくなってくる。本当の魂だけの言葉を発することができるようになるんです。肉体を持っている間はそれに翻弄されて、道を失ってしまいがちになるんでしょうけれどもね。

空海様も肉体を持っている時にはずいぶんご苦労なされたことでしょう。今日はその肉体を持たずに、すでに悟りの境地を得て如来となられました空海様がお話し下さいます。それから、イザナギ、イザナミの最初のお子さまであります海玉《ミタマ》伊《イ》志命《シノミコト》様が復活なされてこれから二十一世紀を担われるわけですけれども、海玉伊志命様もそのあとお話し下さるでしょう。そして場合によっては、アマミキヨ様もお話しなさることと思います。こういうことがあること自体、いかに世の中が変わってきたかも含めて、大変な時代だと思います。

それではEさんに代わりましょう」

緊張の面持ちで神様の取り次ぎをして下さるEさんが前に出て来られました。Eさんが集中し、先生が空海様をお呼びすると、すぐに空海様が出て来られました。

空海様の願い

《高野の四方八方、深き山に囲まれた地に我が身を置くことに相成りまして、長い長い年月が経ちました。世の人びとが、空海、弘法大師と私のことを大変な高僧のようにお考えになっていらっしゃいますが、とてもとても、我が身の通ってきた道の上には、まことなる真の真心はどこにありましたでしょう。言葉で言うは易し。それを行い、確固としたものを身につけるのが密教という教えであると私は声を大にして物を書き、文字を通して人びとにお伝えして参りましたが、これがまことの人の心をつくるとしましたならば、今のこのようなごたごたの世はなかったでございましょう。〈言うは易し、行うは難し〉と言葉で伝えられるように、まさしくS殿が初めて高野の山にリュックを背負い、切れた靴の間から足の冷たき身を徹しての祈りの中に、私はまことなる心を見ました。名もなき、頭も坊主ではなくただの人の姿。声をあげて経を読むわけでなし、ただ真心から出る言葉を祈りに代え、高野のあの一帯に静かに空気が流れる中、祈る一つひとつに光があり、まことの暖かき言霊の響き、なぜこのような祈りができるお方なのだろうかと見ていました。

私はある神様から遣わされまして、この方の枕辺に立ちました。まことに、ただただ家族とともに過ごされる日々。将来の世の行く末を憂《うれ》いて足を運ぶ姿。神はきっと、あなたがやれなかったことをしている方がいるよと、示して下さったものと思われます。

S殿の歩かれた道の中で、私が行き着くことのできませんでした多くの道を共に歩ませていただきましたこともございましたが、この方の偉大さに心打たれることばかりでございました。

この方がお子を育て、ご夫人がご苦労あそばされ、その姿を思い浮かべれば前に進むことができずにいる、そのことが分かりながらも神は物事を前へ前へと進めてまいりました。僧侶が頭を丸め、ただ一筋に経をあげ、自分の心をここに据えると意気込んでみたところで、我が身ひとつのこと、どこまでもやり通すことができます。そこが私の真似のできぬところでございました。

かつて屋久島で、身が滅ぶかの厳しい自然の中に放り出され、家族に声が聞こえるわけではないのに、それでも家族の名を呼び、心の中にしっかりと家族を支えながら歩かれるお姿。かつての聖者に決して真似のできぬ思いが大きく存在しておりました。

かつて地上に聖者と崇められる方々を何人も神様はお出しになられましたが、皆様がそこに集う時、たとえばお釈迦様の会に家族で来る、そのような人びとは少のうございました。家族の中で誰か一人がそこに集う、たとえば子どもだけで参加するとか、親だけで参加するとか、なかなか家族の中でその思いが統一され得ない場合も多くございました。何があるからそれをやれないのかと考えてみるにつけ、この方は家族を持ち、この地球を救うために地上に降ろされた魂であると申してよかろうかと思います。二十世紀までの大きな句読点が打たれ、地球という星の考え方の中に、新しい息吹きを吹き込まなければならないお役目が、この方のお努めでございましょう。

今までに何度となく外国に、日本各地においでになられ、地球の聖地と呼ばれる、またどうしても行かねばなりませぬ神から示された地点地点でのお仕事。十数年かけて日本国の調和を保ち、ご準備をなされてきましたが、それでも間に合わぬ時期が来ております。歴史の大きな流れの中で、私たちは天と地がひっくり返るような様々な自然の形相を見てまいりました。ノアの箱舟や各地での自然災害。それらは自然が自らの身を守るために、宇宙の神の必要な星として調和を保つためになし得てきたことでございましたが、そのようなことでは事足りぬ状況が来ております。

地球の守り役として降ろされました人びとは留まるということを知らず、地球という星に身を任せ、生かされていることを忘れ、今の時を迎えてまいりました。宇宙に二つとないこの地球を守るために降ろされたSという神の存在、姿は人であるけれど、神の役として、神のなすべき仕事を仰せられてまいりました。

このたび、この方が南極に赴きますお仕事は、この宇宙始まって以来の、神のなす大きなお仕事でございます。それは今まで私たちが体験することのなき、宇宙の仲間入りをするという、宇宙文明の始まりの点火をする役にございます。宇宙文明、まこと自然とともに、あるべき宇宙法則に則《のっと》った生き方を、これから先、何年の後にこの地上に顕現できますでしょうか。

それはたいへんなる大きなお仕事にございます。もしこの火がつけられたとしましたなら、きっとそれを阻む宇宙の意思は、この方が帰ることを許さぬかもしれませんし、この方が戻られた時、これはたいへんな変化が生じてきます。

最も近きご縁をいただいた皆様が、生きて帰ることをどれだけまことの真心を持って祈ることができるか、〈偉大とはわが胸にある真心なり〉、この真心の偉大さを発揮する時が、今まさに来ています。

まこと、この方の偉大なる仕事は始まろうとしている時にございます。終わりではなく、始まりにございます。その始まりに、皆様の真心なくして人類がここに生かされることがなしと強く思うて下さい。

また、大和の国には仏の道の通う以前、神の道がございました。神の大本を辿ってまいりますと、どこの国にも真似のできぬ雅《みやび》なる奥深く、静かなる一筋の芯を貫くまことがございました。日本の国は大和の国と書きますが、大いなる和の国、〈和〉とは〈やわらぎ〉の意にございます。ご自分の与えられたところにあって、神の心を知り、そして大いなるやわらぎの心を、与えられたご自分の境遇にてつくりなすこと。大和の国、大いなるやわらぎの国は、真心なくしてこれから確立してゆくことはできませんことをお知らせ申し上げます。

宇宙の果てしなく広がる空間の中には、私どもには知り得ぬ、阻もうとする大きな存在もありましょう。しかし創造神様がもしおいでになられ、この方をお遣いになられ、再び大いなるやわらぎの国を必要とするならば、皆さまの心の中に、何か意識の通ずるものを見せて下さるはずです。

この方にご縁をいただいた者が、初めて試される時ではないかと思われます。私はこの方が帰られることを確信いたしておりますが、皆さまも同じ心になって下さいますよう、額を床につけ、お願いをいたしたいところであります。

〈偉大とはわが胸にある真心なり〉

どうぞ、心から、せつにせつに。それはあなた様方のみにあらず、空海、我が心の試練でございます。

何のために魂をいただき、なぜ今ここにいるのか。まことに真心から祈る人のみ、

ここにいることを許されているはずでございましょう。皆様が真心をもって祈れずして、誰が祈ることができましょう》

空海様の熱い想いが、私たちを大きく大きく包んでいるように思えました。

明かされる神の使命

次に海玉伊志命《ミタマイシノミコト》様が出て来られ、お話し下さいました。

《人びとの心と、私どもが一つになって歩む時がやってまいりました。今後とも、共にあられますよう心よりお祈り申し上げます。

北から南に長き日本の国は、神国日本としてあらゆるところにお宮をいただき、また琉球の国では神につながる自然の中に祈る場所をいただき、どこの国よりも神という存在を崇めてまいりました国でございます。しかし、そこに詣でる心は、昔の人びととはだいぶ違ってまいりました。人の心が変わりますように、神の心も共に歩んでまいりますゆえに大きく変わってまいりました。神の心と人の心はそれぞれが独立して力を持つものではなく、互いに影響し合って今があるからでございます。

人びとはどこに想いを寄せて、世の常に従って生きるのか、最も目標とするところがゆらゆらと動いております。昔はお詣りをするために、北の大地から南の大地まで、伊勢の杜へ、伊勢の杜へと足をお運びになられた様子、ところが今は、人びとが中心の想いを寄せる、大きな、人びとの心の支えになる場所が大変少なくなっております。それは、まことなる天の神へつながるまことの心が、人びとに失われてきているからに他なりません。S氏のお言葉にございますように、〈偉大とは我がまことの心なり〉、すべてがそのまことの思いによってつながってまいるのでございます。神社、また天の言葉を降ろして下さる土地に、偉大な真心を持ちて神に心を寄せた時、そこは生きてまいります。ですから、S氏が訪ねるところはすべて生かされてまいります。どのような教育を受けようとも、真心が欠けていれば、すべてが始まらぬ世の中に変わってまいります。

私はどのような環境にも左右されず、ただ真心のまことの意思にございます。心、それが私の存在でございます。温かき人びとの心を寄せて、そしてS氏は宇宙の偉大なる力を呼び寄せ、私をつくり上げて下さいました。成長し、多くの人びとともに歩ませていただけるよう育てていただきました。神とは人によって育てられ、またそれは宇宙へとつなぐ力ともなり、宇宙の力がまた人びとに伝わってまいります。すべては循環しているものでございます。

今、私は〈循環〉という言葉を用いました。神とは回っているものかもしれません。皆様の心の中にある、そして宇宙にある、そして地の、石の、空気の中にある。すべてが巡りめぐってこそ初めて、この地球という星が創造神様から与えられたものを次から次に巡らしていくことができ、巡らしていく役がそれぞれの生きものの中に根付いている力であると思われます。

神とは宇宙、自然そのものであり、そしてその息づかいを止めることなく、宇宙の創造の神の思いは、ただただ地球に存在させたのであると思うのであります。しかし、その巡りが事切れてしまった時、この星がどうなるのでありましょうか。巡るためには何が必要であるかは、皆様はお分かりと思います。何のためにこの世に存在しているのでありましょう。

宇宙の神様から私は法を教えていただいたことがございます。〈地球という星が、宇宙のあらゆる生命体のオアシスである。神も生命体であり、人も生命体である。神様にオアシスが必要である〉

皆様が疲れた時、疲れを癒すために何がほしいとお思いになるでしょう。神様もオアシスが必要なのかもしれません。そして地球上に許されました人びとは、それをお守りする役がございます。その守り役が守り役でなく、逆に循環を止めるようなことをしてしまわれることが、とても難しい時に遭遇していると思われます。

この地球には、神様がおつくりになられた、地下に眠るたくさんの埋もれた力があります。ウラニウムであり、そして石油という液体であり、自然の石であり、またピカピカと光る金であり、黒く埋蔵された石炭であり、様々なものがこの地球という星の中に埋もれております。何のために地に埋もれておりましたのか、それは神の心を知ることがなければ理解し得ぬことでございます。

ここに手を止めずとも、人びとは生きることを教えられておりました。しかし長い長い文明の歴史の中で、人びとは次から次へと埋もれていたものを世に出し、足し算のごとく形を変えて、頭を切り替えることなく、ただただ加えるのみの文明をさらにさらに地球が病む方向へと足し算を加えて、とうとう地球という星が病気をつくるまでになってしまい、今の時代を迎えております。それは、太陽系という小さな宇宙の中で蠢《うごめ》いていたからこそ、足し算の文明しか興すことができなかったのでございましょう。

宇宙はもっともっと広く、広いという言葉で表わすことができないほど、無限であるかもしれません。人びとが考え方を変えていかねば、大切なオアシスが根底から、すべてが何もなくなってしまいましょう。今度は足し算はなくさなければいけません。形が変わるだけの加える文明をこれ以上発展させることは、地球の死を意味することになります。

その時のために降ろされた魂が、私はS氏であると確信いたします。宇宙の創造神様が、直接手を取り足を取り教えて、赤子から成長させることがどれだけ難しいか。それを、我が身を通して学ぶことを示して下さるお方がS氏であろうかと思われます。でも、どんなに言葉を尽くしても、どのように真心を持って指導いたしましても、いまだかつてなかったことでございますから、なかなか実行に移せない状況が現在でございましょう。そのために天から時を頂戴し、このたび南極の地に赴き命を賭してこの地球を守ることを、創造神様の意思で実行に移すことのできぬことを体を通してなさねばならぬ、大きな火付け役のお仕事と思われます。どのようなものであるかは私も見たことがございませんし、聞いたこともございません。祈りであるのか、宇宙の創造の神様のどのようなお指図があるのか。お指図というよりも、自らの心より発する、体より発するものになすお仕事であると思われます。

南極の宇宙文明の点火は大変な力を必要といたします。そしてまたどのような現象が起こるかも想像もつきません。ただ、創造神様の存在も意思であること、一つの真心であることを思うなら、皆様の教えられた真の清らかな真心、暖かな真心、言葉ではなく、何も申さずとも通い合う真心が神眼の中にしっかりと見えてまいります。神眼、神の眼とは心の眼であると思われます。皆様の御霊《みたま》の中の芯の底の底に存在する心、これが形に現われてどのようなものになりますか、経験したことのないものでございましょう。

今までに長く長く伝えられてまいりました地球文明の終わりにございましょう。今までに地球自体の遭遇したことのない時代を迎えようとする時、どこから始まり、何が起こりますのか。S氏という大きな宇宙の灯台をいただき、私はこの上なく幸せに思っております。まことに、私の言葉では伝え切ることができぬことがあることを分かっております。厳しくも伝えなくてはならぬこと、暖かく迎えてそして矛先をこちらの方向にと指し示していきたき心はございますが、ご自分の心で動くものでございます。教えられて手を引いて動くものではございません。ご自分の心の中に目覚め、芽生える真心の中に、新しい時の芽が膨《ふくら》んでくると思われます。

とても思いがけない時をいただきまして、ありがたく思いました。ありがとうございました》

琉球の祈り

静かに海玉伊志命様が去って行かれると、次に沖縄の始祖神であられるアマミキヨ様が出て来られました。

《アマミキヨでございます。

琉球という島は、神の御心の風呂敷に包まれているような島にございます。ですから隅々までどこも神の国そのもののような場所があり、また人びとの心があり、それを継承していただきとうございます。この心はこの島に生まれ、この島の土によって生かされてきた人の務めであると思っております。戦いを好まず、互いに助け合って小さな島で心を寄せて生きる人びと。ここにとんでもなく大きな魂をいただき、私がどのように携《たずさ》わってお迎えをさせていただきますか、まったく後先が見えず、たいへん、今でも戸惑っております。

今、海玉伊志命様のお言葉のごとく、たいへん難しい時を迎えなくてはなりませぬ様子。でも難しいことはなく、ありのままの琉球の心をお伝えしていけばよろしいのではとも思われます。

S氏と何度となくお会いさせていただき、この度はたいへんなご用をなされる様子。

どうか無事お戻りになられますよう心からお祈り申し上げます。どうかお戻りになられ、この先、琉球の国のまことの姿をこれからの人びとにお示しを下さいますように、ただただ訳も分からず一心に祈りたくなる、あなた様のお姿に、ただただ一心に祈らずにはおられぬ。何ができるかも見えません。ただただ一心にお戻りになることを祈るばかりにございます。

こよなくこよなく愛されましたお父様お母様の心の中に息づいておりましたその心は、あなた様の御家族に引き継がれている様子にございます。家族の皆様とともに、お帰りになられますことを心からお祈り申し上げます。ありがとうございました》

神々様、そして空海様の魂の底から発せられるようなお言葉に、私たちの心も熱く発火していました。私たち人間だけでなく、神々様も如来様方も、先生が無事お帰りになることを一心に祈っておられるのでした。

エピローグ

神々様のお話が終わり、新年会を締めくくる先生のお話が始まりました。

「自分が歩んだ道を振り返ると、恐ろしい人間がいたものだなあと思います。僕が歩んだ道は神がつくった道で、僕は自分がやったとは思っていません。できるわけがありません。ただ神が、人間はこうあってほしい、こういう心で、こういうことをして生きてくれんかなあと思った生き方を演じさせられただけのことだと思います。言っても分からん人には見せたら分かるように、そのためのものと思いますが、でも見せても、一銭にもならないことをよくやる馬鹿だとか頭がおかしいと思う人が多いけど、そのものを僕の場合は自分の生活で生きてきて、今もやっているだけのことです。

たいへんな時代が来ていますね。去年一年間見た通り、とんでもない世の中の動き、いくら平和を祈ってみても、後から後から戦争するばっかりで、どんなにして教育したら分かるのか。人というものは、天の教えや諸々の神の教えを聞く耳を持っていないようだし、そうしたらどうなるか――。人類はまっしぐらに地球を破壊する方向に突き進んでいるように思います。

しかし、最後に地球自体は壊れないように守らないといけないから、南極まで行って来るんですけど、本当にこれが最後の九本目の柱だし、何でも最後はたいへんなんですよね。富士山に登ったことのある人は分かると思うけど、九合目を過ぎてからがただごとじゃないんですよね。でも、これをしに地球に降りてきているんだとしたら、たいへんなことだとしても、役目だから、自分が大事とか、疲れるとか、命が大事とかいうのは二の次、三の次でいいと思うんです。

昨日、十一歳になるうちの娘が、僕の机で絵を描いていました。描いている時には隠して見せてくれませんでしたが、出来上がったら僕の机の上に置かれていて、それはペガサス、天馬に冠をかぶったお姫さまが乗って南極に行く絵でした。そして昨日の晩、娘が習字で何やら字を書いていました。たぶん冬休みの宿題だったんだと思いますが、『大地に立つ』と書いてありました。ああ、これは神様からのメッセージだなあと思いました。

今朝、また娘が僕の机で一生懸命何か書いているんです。僕へのメッセージを神様が子どもを使って書かせたのかなあと思って読んでみたら、みんなへのメッセージみたいだから、みんなにお土産として持たせたいなあと思ってコピーしてきました。あとでみんなにお渡ししたいと思います。まずは美砂さん、みんなに読んであげて下さい」

手渡された紙には、小学校五年生の女の子の作文『新年の抱負』が書かれていました。

私はゆっくりと声に出して読ませていただきました。読みながら、涙が込み上げてきそうになるのをぐっとこらえながら。

新年の抱負

私の新年への抱負はまず、学習めんです。学習めんでは、算数をがんばりたいです。算数では、計算がにがてなので計算をがんばりたいです。そして、生活めんでは、言葉づかいに気をつけ、時間を守り、けじめのある生活をめざしたいです。そして、いいん会では、思いやりをもち、すすんでこうどうをしたいです。そして、先生の言う事をきちんときく耳をもちたいです。そして、全体での抱負は、あいさつをたくさんし、思いやりをもち、読書をたくさんし、自主的にかつどうし真けんに話を聞き、計画を立てて、学習をしたいです。そして、手伝いをたくさんし、こまっている人がいたらたすけたりし、言われた事は、きちんとして、人にめいわくをかけずにしたいです。そして、新年は、今までよりいい年になりますように。新年がんばります。

「思いやりとか、基本的な生き方を全部示していますよね。これはみんなへの新世紀へのメッセージじゃないかと思います。本当に人間としての基本が全部書かれていると思います。難しいお経を持って帰るよりも、この方がいいんじゃないですかねえ。教えとはこんなものじゃないのかなあ。僕も教えを書ければいいなあと思うんだけど、ちょうど娘が書いているもんだから、これを教えだと思って持って帰ったらいいんじゃないかと思います。

もし地球が生き残ったら、みんなが新しい種人《たねびと》になって、ここに書かれているようなより良い人になるよう目指したらいいんじゃないのかなあ」

いかにも先生らしいはなむけのお言葉です。このように、先生の教えは難しい言葉では語られません。子どもでも分かるような易しい言葉で語られますが、いつも人間としてあたりまえのことに気づかせて下さいます。あたりまえのことから大きく外れてしまっていることの多い人びとの心を、本来の道に戻すよう導いて下さるのです。「あれをしなさい」「これをやりなさい」とはおっしゃいません。何をするのかは皆の心に任され、委ねられているのです。

「偉大とは己れの真心なり」

先生のお祈りが心に響いてきます。その真心で何をなすのか。私たちに託された大きな課題であり、その実践を通して、私たちの真価が問われていくのだと思います。

自らの心に地球を抱き、宇宙を抱いて歩み続けるお方よ。
どうぞ、ご無事でお帰り下さい。
生きて、共に私たちの未来をお見届け下さい。

虹のこころよ、
虹の星よ。

どうか地球が守られますように。
人びとが真心をもって生かされますように。

あとがき

沖縄では、思いやりのある人、あたたかくて優しい慈悲深い人のことを「神心をもった人」と言います。「神心」とは「真心」のこと。

二十一世紀は、まさに真心の時代ではないでしょうか。

どんなに高い教育を受けるより、どんな修行をするよりも、私たちの心の中にある真心に目覚め生きることこそ、真に「生きる」ということではないでしょうか。

私も沖縄の地でお導きをいただきますうちに、少しずつではありますが、真心の尊さ、深さが心に響いてくるようになりました。

人びとが「神心」をもったとき、地球は本当に光の園になるのではないでしょうか。

最後に、S先生の小学校五年生のお嬢さんが書いてくれた詩をご紹介させて下さい。

「神心」とは、このような心を言うのでしょう。

「しあわせ」
しあわせとは
どこからくるの
それはだれにもわからない
人によって
しあわせと思うことはちがうから
でも、一つ
同じくらいしあわせと思える時がある
それは、人にやさしくされた時
やさしくされた時は
とてもしあわせ
そのしあわせを
みんなにわけてあげましょう
このよの中で
しあわせになれない人はかわいそう

神心《かみぐくる》

――人が神の心に目覚めるとき――

著者紹介

亀本美砂（かめもと・みさ）

徳島県生まれ。四国の野山に抱かれ育つ。三歳半より創作バレエの手ほどきを受け、以来、クラシックバレエ、日本舞踊をはじめ、世界各地の舞踊に親しむ。早稲田大学卒業、インド留学後、インド古典舞踊の公演とともに、心と魂の成長をはかる「ナチュラル・ハーモニー」セミナーを全国各地で開催。その後、吉野の山里で仙人生活をしながら、いかに自然と調和しながら生きられるかを実践。現在、沖縄の中学校に奉職。著書に『魂の目覚め』（PHP研究所）がある。

2002年4月10日　第1刷
2005年3月25日　第2刷

[著者]
亀本美砂

[発行者]
籠宮良治

[発行所]
太陽出版

東京都文京区本郷4-1-14　〒113-0033
TEL 03(3814)0471　FAX 03(3814)2366

装幀=大城成男

[印字]ガレージ [印刷]壮光舎印刷 [製本]井上製本

ISBN4-88469-264-0

黎明（上・下巻） 〈私たちの深層に眠る叡智を呼び覚ます〉	葦原瑞穂=著	各2,730円
ウエティコ **神の目を見よ** ～古代太陽の終焉と未来～	T. ハートマン=著 大内博=訳	2,520円
見えない力 **サトル・エネルギー** ～古代の叡智ヒーリング・パワーとの融合～	W. コリンジ=著 中村留美子=訳	2,520円
メッセンジャー ～ストロヴォロスの賢者への道～	K. C. マルキデス=著 鈴木真佐子=訳	2,730円
太陽の秘儀 ～偉大なるヒーラー〈神の癒し〉～	K. C. マルキデス=著 鈴木真佐子=訳	2,730円
メッセンジャー **永遠の炎** 〈奇跡のヒーリングの真髄に迫る〉	K. C. マルキデス=著 鈴木・ギレスピー=訳	2,730円
光の輪 ～オーラの神秘と聖なる癒し～	R. L. ブリエール=著 鈴木真佐子=訳	2,520円
愛への帰還 ～光への道「奇跡の学習コース」～	M. ウイリアムソン=著 大内博=訳	2,730円
ファースト・サンダー ～聖ヨハネ・アセンションのテクニック～	MSI=著 大内博=訳	2,730円
スーパー・アセンション ～イシャヤ・アセンションの技術解明～	MSI=著 大内博=訳	2,520円
内なるドクター ～自然治癒力を発動させる、奇跡の処方箋～	G. T. マクギャレイ=著 F. 上村知代=訳	2,520円
光の癒し ～意識体の進化と魂の出現～	野島政男=著	1,575円

※すべて定価（税5%を含む）